Eduard Mautner

Carl La Roche

Gedenkblätter zur Feier seiner vierzigjährigen Wirksamkeit am K.K.

Hof-Burgtheater zu Wien

Eduard Mautner

Carl La Roche
*Gedenkblätter zur Feier seiner vierzigjährigen Wirksamkeit am K.K. Hof-Burgtheater
zu Wien*

ISBN/EAN: 9783743653399

Hergestellt in Europa, USA, Kanada, Australien, Japan

Cover: Foto ©Thomas Meinert / pixelio.de

Weitere Bücher finden Sie auf **www.hansebooks.com**

Carl La Roche.

Gedenkblätter

zur

Feier seiner vierzigjährigen ruhmreichen Wirksamkeit

am

K. K. Hof-Burgtheater zu Wien.

Gesammelt von

Eduard Mautner.

Mit einem Autogramm und der Photographie des Jubilars von Dr. Székely.

Wien 1873.

Verlag von L. Rosner,

Tuchlauben Nr. 22.

Carl La Roche.

Welche gewaltigen und freundlichen Erinnerungen zugleich ruft dieser Name nicht in dem Herzen jedes Freundes der dramatischen Kunst wach, welche Fülle von ernsten und heiteren Gestalten zaubert er nicht vor das geistige Auge! Carl La Roche! Einer der Helden jener fast mythisch gewordenen Tafelrunde, die König Artus-Goethe in Weimar um sich versammelte, wandelt er noch heute in wunderbarer geistiger und körperlicher Frische in unserer Mitte, gießt er noch heute den Gebilden der Epigonen das Blut seiner dramatischen Gestaltungskraft in die Adern, leiht ihnen den Herzschlag seines warmen Gemüthes, seines tiefen Humors und seines echt künstlerischen Temperamentes, und läßt sie vor unseren Augen leben in unübertroffener Naturwahrheit. Carl La Roche! Einen Zeitraum hindurch, den der Mensch gewöhnlich ausfüllt mit seinem Anfang und Ende, mit seinem Kindesalter, seinen Lehrjahren, seinem Wirken und Schaffen und der Ruhe des Alters nach erfüllter Bestimmung, zweiund= sechzig Jahre hindurch steht Carl La Roche im Dienste der dramatischen Kunst, deren Fahne er stets hochgehalten und mit den reichen Siegeskränzen geschmückt hat, die er erkämpfte.   Vierzig Jahre von diesen zweiundsechzig, also mehr als die Durchschnittszeit des menschlichen Lebens, lebt und wirkt Carl La Roche in unsrer Mitte, ist er eine Stütze und Zierde jenes Kunstinstitutes, welches von jeher der Stolz und die Freude der gebildeten Klassen nicht nur Wiens, sondern Deutschlands war, welches — man mag sagen was man will — noch immer die erste und künstlerisch vornehmste deutsche Bühne ist und hoffentlich auch bleiben wird — des Wiener Burgtheaters.   Die älteste Generation Wiens bewahrt ihm theure Erinnerungen und die jüngste verdankt ihm die ersten unvergeßlichen künst= lerischen Eindrücke. Kunsthistorische Tradition und unmittel= barste Wirklichkeit vereinigen sich in dieser großen und un= verwüstlichen künstlerischen Individualität.   Und der ganz ungewöhnlichen Zeitdauer von Carl La Roches künst= lerischem Wirken entspricht ein fast ebenso ungewöhnlicher Umkreis desselben. Von den gewaltigen tragischen Gestalten Shakespeares und jenen der großen Dichterheroen, die das Ende des vergangenen und den Anfang dieses Jahrhunderts erhellten und beherrschten, bis zu den Photographien des Tages, die moderne Lustspieldichter aufnehmen, welch' ein großes unermeßliches Terrain, das La Roche mit souveräner

Meisterschaft beherrscht. Von Shakespeares Shylock und Gremio, Jago, Kent und Polonius, von Goethes Mephisto, Lanßen und Selbitz, von Schillers Burgund, König Philipp, Octavio, Attinghausen, Burleigh, Hassan und Kapuziner, von Lessings Klosterbruder und Just, von Kleists Dorfrichter Adam, von Raupachs Cromwell und Ossip, Jfflands Oberförster, welch' ein Weg bis zu Halms Aben Eru in „Donna Maria de Molina" und Cedric in „Griseldis", zu Grillparzers Merenberg und Jsaack, zu Hebbels Kalisen im „Rubin", zu Gutzkows Banderstraten, zu Bauernfelds Friedau in „Helene" und Grafen in „Aus der Gesellschaft", zu Hackländers Steinhauser und Schönmark, zu Freytags Piepenbrink, zu Birchpfeiffers Vater Barbeaud, zu Töpfers Glittern in der „Wasserkur", zu Laubes Herzog Carl, zum Rath Presser, zu Mosenthals Abraham und Matthias, zum Destournelles und Mirmont im „Fräulein von Seiglière" und den „Gönnerschaften", zu Schausserts König in „Schach dem Könige" und zu Rosens Banquier Klamm in „Unter dem Mikroskop", Und welche Fülle theils erschütternder, theils erheiternder Gestalten haben wir in dieser langen Liste noch übersprungen: Molières Harpagon und Otto Ludwigs Weiler im „Erbförster", Lorenz Kindlein und Lamoignon, Cobridge in der „Vorleserin", Kleists Kottwitz im „Prinzen von „Homburg, Shakespeares Falstaff, den lustigen Jsolani, Deinhardsteins Kuhdorf in „Zwei Tage aus dem Leben eines Fürsten", Bloom in „Rosenmüller und Finke", Kotzebues

Langsam im „Wirrwarr" und zahlreiche Gestalten aus dem Benedix'schen und dem so reichen lebensvollen Bauernfeld= Repertoire. Wahrlich, wir müßten das ganze Rollenverzeich= niß La Roche's, welches die Journale veröffentlichten, ab= schreiben, wollten wir seine Wirksamkeit erschöpfend wür= digen, dieses Rollenverzeichniß, welches gleichsam ein nahezu vollständiger Index der Geschichte der dramatischen Literatur von Shakespeare bis auf unsere Tage ist. Und jeder Rolle, auch der kleinsten und unbedeutendsten, nimmt sich La Roche mit derselben Liebe und künstlerischen Gewissenhaftigkeit an, jede stellte er mit jener genialen aufs Große und Ganze gerichteten Schärfe der Auffassung und zugleich mit einem Fleiße und einer minutiösen Sauberkeit der Detail=Ausfüh= rung dar, welche so oft Anlaß gaben, seine dramatischen Gebilde des heitern Genres mit den stylvollsten Genre= bildern der holländischen Malerschule, mit den glücklichsten Leinwanden von Teniers, Ostade und Ten Kate zu ver= gleichen.

Ein solches Leben, eine solche Wirksamkeit läßt sich auf wenigen Blättern, die dieses anspruchslose Büchlein bilden sollen, auch nicht annähernd erschöpfend darstellen. Eine derartige Darstellung liegt übrigens durchaus nicht in meiner Absicht, sie bleibe einer künftigen Geschichte der dramatischen Kunst vorbehalten, in welcher der Name La Roche zahl= reiche und ruhmvolle Seiten füllen wird. Die Wiener Theaterfreunde bedürfen auch einer solchen Darstellung nicht, ihnen ist La Roche's Wirksamkeit in genußreichster Erinne=

rung gegenwärtig und lebendig, und auch die bedeutendsten Städte des großen deutschen Vaterlandes haben wiederholt Gelegenheit gehabt, seine Meisterschaft zu würdigen. Mit diesen Blättern ist nichts weiter beabsichtigt, als dem edlen Meister an einem für ihn wie für das Institut, dem er angehört, bedeutungsvollen Tage den Tribut der Liebe, Verehrung und Dankbarkeit darzubringen, bekannte aber zerstreute Daten übersichtlich zusammenzustellen und außerdem seinen zahlreichen Freunden und Bewunderern vielleicht hie und da ein weniger bekanntes Detail aus diesem so reichen, äußerlich wie innerlich viel, doch harmonisch bewegten Künstlerleben mitzutheilen. Wenn ich es wage, der so ehrenvollen Aufforderung, mich dieser Aufgabe zu unterziehen, Folge zu leisten, so ermuthigten mich dazu zunächst die — ich darf es mit Stolz sagen — freundschaftlichen Beziehungen, die mich seit einer langen Reihe von Jahren mit dem Hause La Roche verbinden, die aufrichtige und herzliche Liebe und Verehrung, die ich dem Künstler wie dem Menschen La Roche zolle, vor Allem aber die Förderung und Unterstützung, die mir bei dieser Arbeit von so vielen, dem Meister künstlerisch und persönlich Nahestehenden zu Theil wurde und die ich nie dankbar genug anzuerkennen vermag.

Carl La Roche wurde im Jahre 1796 in Berlin geboren. Sein Vater war Polizei = Inspector und seine Familie stammte aus Frankreich. Sie gehörte der sogenannten französischen Colonie in Berlin an. Aus den Kreisen dieser Emigranten, die Unduldsamkeit in Glaubenssachen aus ihrem Vaterlande vertrieben, gingen von jeher bedeutende Persönlichkeiten in den verschiedenen Richtungen hervor, unter Anderem der bekannte Geistliche Ancillon, der Erzieher des geistvollen Königs Friedrich Wilhelm IV. von Preußen. Der junge Carl La Roche studirte zunächst Thierarzneikunde in Berlin und in dem interessanten Album, das vor mir aufgeschlagen liegt, befindet sich als erstes Blatt eine Abbildung des Anatomiegebäudes der Berliner Thierarzneischule. Es ist eine tempelartige Rotunde, die man eher einem idealen als dem sehr praktischen Zwecke, dem sie wirklich diente, bestimmt glauben sollte. Aber die eleusynischen Geheimnisse des Hufbeschlags befriedigten die aufstrebende Seele des Jünglings nicht, er empfand eine heimliche Sehnsucht nach Höherem, er fühlte sich mehr berufen, lebende Menschen darzustellen, als todte Thiere zu seciren. In dieser Hinneigung zu dem

Schauspielerstande, der damals noch nicht in jenem socialen Ansehen stand, dessen er sich heute erfreut, wurde er durch Carl Töpfer, den Schauspieler und Lustspieldichter, der in beiden Eigenschaften auch dem Wiener Publicum bekannt geworden, ermuthigt und bestärkt. Töpfer führte ihn heimlich in verschiedene Haustheater ein, auf welchen Carl La Roche seine ersten theatralischen Sporen verdiente. Der Zufall, der wie die Natur mit dem Genius im Bunde zu sein pflegt, kam auch ihm zu Hülfe. Im Jahre 1811 besuchte er seine Schwester, die in Dresden als Sängerin engagirt war. Seine Neigung zum Theater erhielt durch diese erste Berührung mit der wirklichen Bühnenwelt neue Nahrung. Zufällig hatte der Komiker der Dresdner Bühne soeben eine jener Reisen ohne Abschiednehmen angetreten, welche rücksichtslose Directoren bis auf den heutigen Tag „durchgehen" zu nennen pflegen und La Roche setzte es mittelst des Einflusses seiner Schwester durch, daß man ihm, der, obwohl körperlich schon sehr entwickelt, doch noch fast ein Knabe war, die Rolle des Rochus Pumpernickel in der gleichnamigen Posse anvertraute. Die Vorstellung fand in dem sogenannten Link'schen Bade, dem Sommertheater Dresdens statt, das noch in den Fünfziger Jahren bestand. Nach der Abbildung dieses Musentempels, die ich in La Roches Album sah, kann es damals nicht viel mehr als eine elende Bretterbude gewesen sein. Beifolgend der vollständige Theaterzettel dieser Vorstellung, in welcher Carl La Roche zum ersten Male vor die Oeffentlichkeit trat.

Mit allergnädigster Bewilligung wird heute

Montag, den 10. Juni 1811

auf dem

vor dem schwarzen Thore, nächst dem privilegirten Bade gelegenen Theater

zum ersten Male aufgeführt:

Herr Rochus Pumpernickel.

Ein musikalisches Quodlibet in drey Aufzügen von Schauspieler

Matthäus Stegmayer.

Personen:

Herr von Borthal, ein reicher Privatmann	Herr Sempf.
Margarethe, seine zweyte Frau	Mad. Neumann.
Sophie, seine Tochter erster Ehe	Mlle. La Roche.
Hauptmann von Borthal, sein Bruder	Herr Siebert.
Herr von Littau, Sophiens Geliebter	Herr Miller.
Herr Rochus Pumpernickel, ein reicher Landmann	*
Perillus	* Herr Geiling
Bombastus } zwey Aerzte	Herr Neumann.

Stößel, ein Apotheker . . . . Herr Fischer.
Schreier, ein Chirurgus . . . . Herr Dütterboch.
Philippine } zwei Freunde . . . . . . Mlle. Seibel.
Dorothea } . . . . . . Mlle. Dütterboch.
Babette, Kammermädchen } in Vorthal's Hause . . . Mad. Kramer.
Sebastian, Hausknecht } . . . Herr Ortmann.
Heinrich, Littau's Bedienter . . . . . Herr Conradini.

Musikanten, Kinder, Volk zc.

* * * Rochus Pumpernickel: Herr La Roche.

Die Terte der Arien sind an der Kasse für 2 Groschen zu bekommen.

Die Preise sind folgende:

	Thlr.	Gr.
Ein Loge des ersten Ranges zu 10 Personen . . .	5	—
Eine desgl. zu 6 Personen . . .	3	—
Eine Loge des zweiten Ranges zu 10 Personen . . .	3	8
Eine desgl. zu 6 Personen . . .	2	—
Eine Loge des dritten Ranges zu 6 Personen . . .	1	12
Im Cercle . . .	—	8
Im Parterre . . .	—	20 Pf.
Auf der Gallerie . . .	—	10

Logenbillets sind zu haben bei dem Director, vor dem schwarzen Thore, im Wagner'schen Hause, dem Gräfl. Bünau'schen Garten gegenüber, Parterre, sowie auch bei dem Logenmeister Hahn, auf der Wißbrufferstraße Nr. 186, drey Treppen hoch.

Der Anfang ist um 6 Uhr.

Das kühne Wagniß fiel so glücklich aus, daß an die Thierarzneikunde kaum mehr zu denken war. Zwar kehrte der junge Kunstnovize nach Berlin in die Veterinärschule zurück, aber nur, um ihr bald darauf auf immer Lebewohl zu sagen. Schon im nächsten Jahre 1812 finden wir ihn im Engagement in Danzig. Wie es bei kleineren Bühnen, namentlich in früherer Zeit Sitte war, und zum Theil heute noch Unsitte ist, gab es keine bestimmten scharf abgegrenzten Fächer, es mußte täglich und womöglich täglich etwas Neues gespielt werden. Es wurden Stücke aufgeführt, deren Namen selbst aus dem Gedächtnisse der ältesten noch lebenden Schauspiel= Veteranen geschwunden sind, vorherrschend waren aber auch schon damals Operetten und Singspiele. La Roche, der eine kräftige und wohllautende Stimme, die sich später zu einem ausgiebigen Baß entwickelte, besaß, wurde hauptsächlich in denselben beschäftigt. Als seine hervorragenderen Rollen aus jener Zeit sind zu nennen: Lux im „Dorfbarbier", Peter im „Neuen Sonntagskind", Pedrillo im „unterbrochenen Opfer= fest", Lorenz im „Hausgesinde" — Gianfimone in der „Dorf= sängerin", André in „Fanchon", Paul in der „Schweizer= familie", Leporello im „Don Juan", Hans in dem „lustigen Schuster", Baldrian Klun in dem gleichnamigen Stücke, Pächter Feldkümmel, Krispin in den „Schwestern von Prag" u.s.w. Aus einem Büchlein, in welches La Roche genau alle seine Rollen einzeichnete, und in welches mir Einsicht zu nehmen vergönnt war, geht hervor, daß La Roche oft abwechselnd die ver= schiedensten Rollen in einem und demselben Stücke darstellte.

So sang er beispielsweise im „Don Juan" abwechselnd den Don Juan, den Masetto und den Leporello, im „Fanchon" den André, den Martin und den Abbé, im „Dorfbarbier" den Lux, den Adam und den Schneider, im „Wasserträger" den Corporal, den Lieutenant und den Hauptmann (ein regelmäßiges Avancement), so spielte er im „Rochus Pumpernickel" später noch den Vorthal und den Bedienten Heinrich, im „unterbrochenen" Opferfest außer dem Pedrillo auch den Villac und den Rocca, in „Je toller je besser" den Hans Peter und den Johann u. s. w. Diese so mannigfache Thätigkeit im Beginn seiner theatralischen Laufbahn kann, wenn auch die Aufgaben, die ihm gestellt wurden, nicht immer zu den größten und edelsten gehörten, nicht anders als fördernd auf seine künstlerische Entwicklung gewirkt haben. Es ist ein feststehender Erfahrungssatz, daß ein junger Schauspieler oder eine angehende Schauspielerin viel und vielerlei spielen müssen, wenn sie es zu etwas bringen, wenn sie einen Maßstab für ihr Können gewinnen wollen. Dieser anstrengenden und vielseitigen Verwendung verdankt La Roche gewiß nächst seiner natürlichen Begabung und seiner großen Intelligenz und Willenskraft, die künstlerische Proteusnatur, die ihn vor so vielen, selbst künstlerisch ebenbürtigen Collegen, die einseitig sich in ein enges Fach gebannt haben, auszeichnet, ihr verdankt er es gewiß zum Theile, daß er gleich mächtig in der Tragödie unser ganzes innerstes Sein und Wesen, als in dem Lustspiele unser Zwerchfell zu erschüttern vermag. Die Danziger Gesellschaft, unter der Direction eines gewissen Huray stehend, machte öfters Aus flüge in die benachbarten Städte und Städtchen, welche keine stabile Theatertruppe besaßen, wie z. B. Elbing, Insterburg, Tilsit, Gumbinnen, Marienwerder u. s. w. La Roche machte alle diese Ausflüge mit, und stand jeden Tag, den Gott gab, mitunter freilich auch in der kleinsten und unbedeutendsten Rolle auf den Brettern. Als im Jahre 1813 Danzig, welches von den Franzosen besetzt war, von einem russischen Armee= corps belagert wurde, blieb die Theatergesellschaft in der Festung und spielte allabendlich. Am 17. Febr. (am 22. Jän. hatte die Belagerung bereits begonnen) machte der den Wienern unvergeßliche Heinrich Anschütz, der damals mit La Roche zusammen in Danzig engagirt war, in Be= gleitung zweier Collegen einen Spaziergang vor die Stadt, wobei die kleine Gesellschaft den russischen Vorposten zu nahe kam, und von denselben gefangen genommen, doch bald wieder in Freiheit gesetzt wurde. General Rapp, der in Danzig commandirte, und das französische Officiercorps besuchten mit Vorliebe das Theater, und La Roche gehörte zu den Lieb= lingen des Generals, der ihn häufig zum Souper einlud, was dem jungen Künstler um so angenehmer war, als es während der Belagerung selbst für Leute mit besser gespickten Börsen, als die der Schauspieler waren, zu den fast unlösbaren Problemen gehörte, sich satt zu essen. Die Theuerung in dem belagerten Platze stieg natürlich von Tag zu Tag. Im October kostete beispielsweise ein Scheffel Roggen 180 fl., ein Scheffel Erbsen 102 preußische Thaler, ein Pfund Butter 30 fl. u. s. w. Die unglücklichen Bewohner Danzigs aßen gefallene

Pferde, Katzen, Ratten, und ähnliche Leckerbissen. Ueberhaupt war das Leben in der belagerten Stadt nichts weniger als ge= müthlich. Hunderte von Menschen wurden auf den Straßen, während sie ihren Geschäften nachgingen, durch die russischen Bomben getödtet, vor denen die Frauen und Kinder in dumpfen Kellerräumen Schutz suchten. Aber, wie es so oft der Fall ist, gewöhnte man sich auch hier an diese unheimliche Lage und lebte heute um so lustiger, je ungewisser es war, ob man den Morgen erleben werde. Es wurde täglich Komödie gespielt, der Director machte ganz gute Einnahmen, und als er trotz derselben die stürmischen Zeitläufte benützen wollte, um den Schauspielern die Gage vorzuenthalten, nahm sich der französische Commandant der armen Künstler energisch an und verhalf ihnen zu ihrem Rechte. Im November brannte die halbe Speicherinsel ab, wodurch die Franzosen Proviant= vorräthe, die noch für drei Monate ausgereicht hätten, ver= loren, und im December zur Capitulation gezwungen waren.

La Roche nahm im Jahre 1816 ein Engagement nach Lemberg an, nachdem er im vorhergehenden Jahre sich in Te___ ig mit Henriette Wagner, der Tochter eines Collegen, vermählt hatte. In Lemberg fand sich La Roche nicht heimisch, ob wohl er daselbst zum ersten Male die Regie führte und seine ersten bedeutendsten Charakterrollen schuf. In diese Zeit fallen Rollen wie Pizarro in „Fidelio", Perin in „Donna Diana", Dandini in „Aschenbrödel", Schewa in „der Jude", Figaro in „Figaros Hochzeit" u. s. w. Wurzbach erzählt, daß La Roche, wahrscheinlich aus Mißmuth über die Lemberger

Theaterzustände, gelegentlich eines Ausfluges nach Warschau ernstlich daran gedacht habe, der Kunst für immer Lebewohl zu sagen, und als Officier in die polnische Armee zu treten. Einem Danziger Kaufmanne, der mit La Roche befreundet war, sei es gelungen, den jungen Künstler von diesem Vorhaben abzubringen. Wenn dem wirklich so war, so ist die deutsche Kunst jenem unbekannten Danziger Kaufmanne zu tiefem und aufrichtigem Danke verpflichtet. Schon 1818 kehrte La Roche nach Danzig zurück. In demselben Jahre gastirte der große Ludwig Devrient in Danzig und führte daselbst vierundzwanzig seiner bedeutensten Rollen vor. Dieses Gastspiel scheint von entscheidendem Einflusse auf La Roches künstlerische Entwicklung gewesen zu sein, es scheint jenes Bewußtsein: Auch' io son' pittore, welches jeder echte Künstler in sich tragen muß, geweckt zu haben. Von dieser Zeit an genügten ihm weder sein Rollenfach, noch seine Umgebung, noch der Ort seiner Wirksamkeit. Der Ehrgeiz nach dem Größten und Höchsten war in seiner Seele geweckt worden, und er fühlte sich stark genug, um die Hand kühn nach den unverwelklichsten Kränzen seiner Kunst auszustrecken. Im Jahre 1822 nahm La Roche ein Engagement in Königsberg an, dessen Theater einen weit höheren künstlerischen Rang als die Danziger Bühne einnahm. Obwohl er daselbst in seinen beiden Eigenschaften als Sänger und Schauspieler die ehrenvollsten Erfolge errang, und obwohl ihn ein fröhliches geselliges Leben in seine bestrickenden Kreise zog (die heimlich dunklen Kellerräume des sogenannten „Blutgerichtes" wissen

von den Heldenthaten La Roches als Sänger und Zecher
im Kreise der Genossen, unter welchen Tibowsky mit der
rothen Nase einer der ausgepichtesten gewesen zu sein scheint,
zu erzählen), obwohl ein Kreis von geistvollen Männern, der
sich um La Roche schaarte, vielfache Anregung und Förderung bot, so blieb La Roche doch nur ein Jahr lang, bis
1823, in Königsberg. Als er die Stadt verließ, gab ein
großer Theil der Einwohner dem Scheidenden, der sich sowohl als Künstler wie als Mensch in der kurzen Zeit seines
Aufenthalts die allgemeine Achtung und Liebe zu erwerben
gewußt hatte, eine weite Strecke das Geleite.

Im Jahre 1823 betrat La Roche zum ersten Male
den geweihten klassischen Boden Weimars, jener geheiligten
Stätte der deutschen Kunst, in welcher der Olympier Goethe
noch lebte und wirkte. Mit diesem Momente beginnt ein
neuer und wichtiger Abschnitt in dem Leben La Roches.
Seine Bahn kreuzte sich mit der jenes glänzenden Gestirnes
am Firmamente der deutschen Literatur. Und diese Begegnung
blieb keine flüchtige und vorübergehende. La Roche trat zu
Goethe in nahe und dauernde Beziehungen und leuchtende
Strahlen aus des großen Wolfgang Dichterkrone fielen auch
auf sein Haupt, dasselbe für alle Zeiten verklärend. Am
12. März trat La Roche in Weimar als Bontems in
„der Obrist" und Thomas in „das Geheimniß", am 18. als
Boisec in „der alte Jüngling" und als Elias Krumm in
„der gerade Weg der beste", am 19. als Martin in „Fanchon"

2

auf. Diesen Rollen folgten Figaro, Truffaldino im „Diener zweier Herren", Ferdinand in den „Drillingen" u. s. w.

Obgleich Goethe schon, seitdem er in Folge des weltbekannten Scandals mit dem „Hund des Aubry" (bei dem übrigens eine Intrigue gegen ihn im Spiele war, die von seiner Gegnerin, der Freundin des Herzogs, Fräulein Jagemann nachherige Frau von Heygendorf, in Scene gesetzt wurde) die Direction des Theaters niedergelegt hatte, keinen directen Einfluß mehr auf die Leitung der Bühne nahm, ja sogar das Theater selten oder nie besuchte, so hatte das, was man ihm über das neu engagirte Mitglied La Roche erzählte, seine Neugierde doch so sehr rege gemacht, daß er sich den Künstler schon nach der zweiten Rolle vorstellen ließ. Diese seltene Auszeichnung begründete augenblicklich La Roches hervorragende künstlerische und sociale Stellung in Weimar. Nicht nur daß seine jetzigen Collegen, zumeist frühere Schüler Goethes: Graff, Durand, Oels, Lortzing u. s. w., ihn als ebenbürtig in ihren intimsten Kreis aufnahmen, und ihm vielfach fördernden geistigen Umgang boten, er wurde auch bald in jene Gesellschaft gezogen, die damals neben dem Hofe die erste in Weimar war, in der die bedeutendsten Männer, die damals Weimar besaß, verkehrten, und deren Mittelpunkt Goethe und sein Haus bildete. Diesen Kreis bildeten zunächst Goethes einziger Sohn August, Eckermann, Professor Riemer, Kanzler Müller, Soret (der Erzieher des jetzt regierenden Großherzogs), Peucer, Stephan Schütze u. A., denen sich auch nebst einigen schönen und geistvollen Frauen die jungen Engländer anschlossen, die damals am Weimar'schen Hofe lebten. Bald verband das Band innigster Freundschaft Goethes Sohn August mit La Roche, und Karl von Holtei, der öfters nach Weimar kam, war im Bunde der Dritte. Diese freundschaftlichen Beziehungen der Familie Goethe zu La Roche dauern bis auf den heutigen Tag fort. Augusts bedeutende und berühmte Gattin Ottilie von Goethe bewahrte für La Roche bis zu ihrem vor Kurzem erfolgten Tode das wärmste freundschaftlichste Interesse und vererbte dieses Gefühl auf ihre beiden Söhne Walter und Wolf von Goethe.

Bei neuen bedeutenden Rollen, die La Roche zugetheilt wurden, war es ihm vergönnt, sich mit Goethe über dieselben zu besprechen, und die goldenen Worte des Altmeisters gruben sich für alle Zeiten in seinen Geist und waren für dessen ganze künstlerische Fortentwicklung maßgebend. Im Jahre 1824 gastirte La Roche mit glänzendem Erfolge in Breslau. Im Jahre 1826 sang Henriette Sontag (spätere Gräfin Rossi) die Rosine im „Barbier von Sevilla" mit La Roche als Bartolo, und erklärte, niemals einen besseren Bartolo gehört zu haben. Auch Genast, in seinem „Tagebuche eines alten Schauspielers", erwähnt lobend La Roches Wirksamkeit als Sänger. Im Jahre 1827 gab La Roche einen Cyclus von zwanzig Gastrollen in Berlin und zwar trat er sechszehnmal im Königstädtischen Theater, darunter in der Oper „der lustige Schuster" mit der Sontag auf, und viermal im königlichen Theater als Franz in den „Räubern", als Oberförster in den „Jägern", als Bartolo im „Barbier von Sevilla" und als Richard Boll in der

„Schweizerfamilie". Letztere Rolle stellte La Roche auf den
Wunsch der berühmten Schechner dar, welche die Emmeline
mit ihm zu singen wünschte. Im Jahre 1828 starb der groß-
herzigste deutsche Mäcen Herzog Carl August; das Hoftheater
zu Weimar wurde geschlossen. La Roche gastirte während der
Trauerferien in Königsberg und Elbing. Unter anderen
Rollen spielte er auf dieser Gastspielreise zuerst den Wallheim
in Holteis „Leonore", mit welcher Rolle er später sowohl in
Weimar als in anderen Städten große Erfolge errang. In
demselben Jahre übernahm er die Opern-Regie in Weimar.*)

Die im Jahre 1829 zum ersten Male in Weimar statt-
findende Aufführung von Goethes „Faust" ist eines der
wichtigsten Ereignisse in La Roches Künstlerlaufbahn.
Goethe wollte Anfangs von einer Aufführung Fausts
überhaupt nichts hören, da das Werk, wie er sagte, nicht für
die Bühne geschrieben sei. Als er aber hörte, daß man in
einer anderen Stadt (in Braunschweig) diesen Versuch zu
machen beabsichtige, überwand Goethe seine Bedenken, gab
den Bitten seiner Verehrer und der Regie nach und ertheilte
die Genehmigung zur Aufführung, ja, er nahm das Arrange-
ment selbst in die Hand. Selbstverständlich behielt er sich
auch die Besetzung vor, und La Roche wurde die Rolle des

---

*) Wie er dieselbe führt geht aus einem bis jetzt ungedruckten
Briefe Eckermanns vom 21. April 1829 hervor, in dem es heißt:
„Diesen Morgen war La Roche bei mir, und ich freute mich über
ihn. Die Oper gestern ging vortrefflich, und ich konnte ihn über
die ganze Leitung von Herzen loben."

Mephistopheles zugetheilt. Wie Goethe über La Roche als Künstler dachte, geht aus einem noch ungedruckten Briefe Eckermanns hervor vom 30. Jänner 1829, gerichtet an seine Schülerin Fräulein Auguste Kladzig, damals Hofschauspielerin in Weimar, und seit dem Jahre 1833, also seit 40 Jahren, La Roches treue, liebevolle Gattin. Eckermann schreibt an Fräulein Kladzig: „Ich bin jetzt mehr bei Goethe als je, seit 14 Tagen esse ich jeden Mittag mit ihm allein und erquicke mich an seinen himmlischen Gesprächen. In den letzten Tagen hat Goethe sich einige Male nach Ihnen erkundigt, welches ich Ihnen sagen muß. Er erzählte mir nämlich, daß der „Faust“ in Braunschweig auf die Bühne gebracht worden und zeigte mir einen Brief von Klingemann, worin dieser schrieb, mit wie großem Beifalle das Stück aufgenommen und wie die drei Hauptfiguren: der Faust, der Mephistopheles und das Gretchen, nach der Vorstellung herausgerufen wurden. Da das Stück nun sich über alle deutschen Bühnen verbreiten wird, und wir es auch hier hoffentlich bald sehen werden, so sprachen wir über die Besetzung. La Roche gaben wir den Mephistopheles und freuten uns, daß dieser bedeutende Künstler eine neue Gelegenheit fände, sein Studium und Talent auf eine Rolle zu verwenden, die ihm zur Entwicklung seiner Kräfte die reichsten Anlässe gibt. Ueber Faust und Gretchen waren wir nicht entschieden. Es ist schade, sagte Goethe, daß die Kladzig als Künstlerin nicht ausgebildet genug ist, sie ist schön, sie hat den Wuchs, sie hat die Jugend, das wäre ein Gretchen! Ja, sagte ich), es ist schade. Ich sagte keine Silbe weiter, aber in meinem Innern wirkten G o e t h e s Worte fort und ich freute mich, daß er Ihrer gedachte. Aber was sagen Sie zum Gretchen? Lesen Sie doch den „Faust" und sagen Sie mir Ihre Gedanken. Es ist gut eine so vollendete Rolle zu studiren, auch wenn man sie nicht spielt. Die Scene im Kerker und Wahnsinn erfordern höchste tragische Kunst, aber es ist für eine Künstlerin vielleicht auch die glänzendste Partie, die je geschrieben worden. Wenn Sie schon im Leben dem Gretchen so ähnlich sind, daß man bei Ihrem Anblicke an jene denken muß, welche Wunder hätten Sie nicht in dieser Rolle thun können in Verbindung mit künstlerischer Vollendung.

Reden Sie über diesen Punkt mit L a R o c h e."

Fräulein K l a d z i g spielte das Gretchen nicht; die Rolle wurde schließlich dem Fräulein L o r t z i n g (später Frau des Dresdner Kapellmeisters R ö c k e l und Mutter des früheren Mitgliedes des Wiener Hofburgtheaters, Fräulein L o u i s a b e t h R ö c k e l, gegenwärtig Frau M a t h e s) zugetheilt. Die Schau= spieler, welche in „Faust" mitwirkten, studirten ihre Rollen unmittelbar unter G o e t h e s Leitung ein; und namentlich beschäftigte sich G o e t h e mit La R o c h e, der unläugbar die schwierigste Rolle in dem Stücke zu spielen hatte. Es ist über La R o c h e s Auffassung und Darstellung des Mephistopheles mündlich und schriftlich viel discutirt worden, aber ich glaube alle Controversen müssen vor der einen Thatsache verstummen, daß kein Schauspieler, außer La R o c h e, in der Lage war, die Intentionen des Dichters so unmittelbar aus dem Munde desselben zu vernehmen, und Goethe, will mir scheinen, verstand doch mindestens nicht weniger von der Sache, als die späteren Kritiker. Der Tag der Aufführung des „Faust" war selbstverständlich ein Festtag für ganz Weimar, wenigstens für alle jene Kreise, die der Kunst und Intelligenz angehörten, und ein Tag des Triumphes für den Dichter, so wie für die Darsteller. Am 28. August, am Vorabende dieses Tages also, schrieb Goethe in La Roche's Stammbuch folgende Verse:

> Bist du Tag und Nacht beflissen,
> Viel zu hören, viel zu wissen,
> Horch an eines Andren Thüre,
> Wie zu wissen sich gebühre.

Carl v. Holtei hat über die erste „Faust"-Aufführung in Weimar höchst interessante Mittheilungen im „Salon" gemacht.

Wie sehr das Verhältniß La Roche's zu Goethe den Charakter ehrfurchtsvollster Bewunderung von der einen und sympathischer Zuneigung von der anderen Seite trug, beweist der Umstand, daß es La Roche in einem der folgenden Jahre vergönnt war, Goethe auf seiner alljährlichen Badereise zu begleiten. La Roche erzählte mir selbst mit vielem Humor die Fahrt mit Goethe von Marienbad nach Kloster Tepl, wo der Abt, Goethe zu Ehren, Hummel'sche Kirchenmusik aufführen ließ, die der Componist selbst dirigirte. Beide hatten kalte Küche mitgenommen; La Roche unter Anderem eine besondere Gattung Wurst, die er sehr gerne aß. Goethe's feinen Geruchswerkzeugen blieb die Existenz dieses Leckerbissens nicht lange verborgen, er kostete dieselbe und fand sie so sehr nach seinem

Geschmacke, daß er sie allein verzehrte und La Roche sich an dem kalten Huhne des Dichters schadlos halten mußte.

Am 22. März 1832, nach einer kurzen Krankheit von nur einigen Tagen starb Goethe; der glänzendste Stern am Himmel der deutschen Literatur war in die Nacht des Todes versunken. Wenige Minuten, nachdem Goethe seinen letzten Athemzug gethan, kam La Roche der in diesen Tagen der Angst und Besorgniß, ebenso wie alle Freunde und Verehrer Goethes in fortwährendem Kommen und Gehen um Nachfrage im Goethe'schen Hause begriffen war. Die tieferschütterte Witwe des Dichterfürsten nahm La Roche bei der Hand und führte ihn in das Sterbezimmer. Goethes Leiche befand sich noch in sitzender Stellung in dem Lehnstuhle, in dem der Tod ihn überwältigt hatte. La Roche durfte eine Locke von dem theuren Haupte des großen Geschiedenen lösen, und diese kostbare Reliquie bildet, im schützenden Rahmen eingeschlossen, noch heute den unschätzbaren Schmuck seines Schreibtisches.

Im Jahre 1831 gastirte La Roche in Dresden, im Jahre 1832 an zweiundzwanzig Abenden in Brünn, und unmittelbar darauf gab er zehn Gastrollen am k. k. Hofburgtheater zu Wien, der Stätte, der er künftig angehören, an der er seine glänzendsten Triumphe feiern, deren stolzeste Zierde er werden sollte. Am 18. August 1832 betrat er zum ersten Male als Daniel im „Erbvertrag" die Bretter des Hofburgtheaters. Seine weiteren Gastrollen waren: Am 18. August 1832 Ossip in „Isidor und Olga", 21. August Pfeffer in „Nr. 777",

24. August Oberförster in „die Jäger", 29. August Mohr in „Fiesco", 31. August Posert in „der Spieler", 5. September Düpperich in „die Quälgeister", 13. September wieder Daniel im „Erbvertrag".

Sein Erfolg war ein so durchgreifender, daß ihm sogleich ein lebenslänglicher Contract angeboten wurde. La Roche hatte gleichzeitig einen Contract mit dem damaligen Director der Oper im Kärnthnerthor-Theater Duport abgeschlossen. Als es sich nun um sein Engagement für das Burgtheater handelte, erklärte der damalige Intendant Graf Czernin, daß La Roche die Oper aufgeben müsse, da es in Wien nicht zulässig sei, daß ein und derselbe Künstler zugleich im Schauspiele und in der Oper wirke. Uebrigens wurde später von dieser Beschränkung eine Ausnahme, zu Gunsten von Mathilde Wildauer, gemacht, die durch viele Jahre hindurch gleichzeitig am Burgtheater als Schauspielerin und am Kärthnerthor-Theater als Sängerin wirkte. Graf Czernin motivirte diese Beschränkung damit, daß er sagte: das Wiener Publicum würde nie an die Künstlerschaft eines Schauspielers glauben, der gleichzeitig als Sänger auftrete. In Folge dieses Zwischenfalles unterblieb La Roches Auftreten im Kärnthnerthor-Theater. Trotzdem konnte er den Contract mit dem Burgtheater nicht sogleich abschließen, da er an Weimar schon seit längerer Zeit durch einen sehr vortheilhaften lebenslänglichen Contract mit Pensionsberechtigung u. s. w. gebunden war. Nach Weimar zurückgekehrt, kam er bittlich um seine Entlassung aus dem Verbande des Weimarer Hoftheaters ein, allein es gab lange und harte Kämpfe, ehe ihm dieselbe gewährt wurde. Endlich erklärte der Herzog, ertheilen könne er die Entlassung nicht, wenn sich La Roche dieselbe aber nehmen wolle, so werde er ihn nicht gewaltsam zurückhalten. Auf La Roches Anfrage erklärte die Intendanz in Wien, sich mit diesem Auskunftsmittel zufrieden zu geben, und so verließ denn La Roche Weimar, den Schauplatz seiner ersten großen Erfolge nicht ganz leichten Herzens. Ließ er doch dort viele unvergeßliche Erinnerungen, viel Freundschaft die dem Men= schen und viel Bewunderung, die dem Künstler gezollt wurde, zurück. Die Weimarer konnten es La Roche lange Zeit nicht verzeihen, daß er sie verlassen, sie konnten nicht begreifen, daß ein Künstler von der geistigen Kraft La Roches sich nach größeren freieren Verhältnissen sehnen mußte, als das kleine Weimar bot, dessen Nimbus nach dem Tode Carl Augusts und Goethes nach und nach verbleichen mußte.

Inzwischen war in Berlin der große Meister Ludwig Devrient gestorben. Die Feuerseele hatte die gebrechliche Hülle verzehrt, eine verhängnißvolle Leidenschaft hatte die lange vorherzusehende Katastrophe beschleunigt. La Roche war zu einem Gastspiele nach Berlin geladen, in der ausgesprochenen Absicht, ihm, im Falle dieses Gastspiel erfolgreich sei, die ver= waiste Stellung Ludwig Devrients anzubieten. La Roche ging also zunächst von Weimar nach Berlin und trat daselbst zehnmal und zwar nur in Devrient'schen Rollen auf. Sein Erfolg war ein so bedeutender, daß die Berliner Intendanz alle möglichen Anstrengungen machte, um ihn an Spree=Athen (damals war es noch nicht Sparta) zu fesseln. Unter Anderem wollte man ihm für den Fall einer Pensionirung einen für die damalige Zeit und den damaligen Verhältnissen geradezu unerhörten Betrag garantiren. Allein La Roche hielt sich durch sein der Wiener Intendanz gegebenes Wort, obgleich der Contract noch nicht unterzeichnet war, für gebunden und widerstand der lockenden Versuchung, sogleich in ein verwaistes, ihm offen stehendes Fach, das er so vortrefflich ausfüllen zu können sich bewußt war, einzutreten; während er doch in Wien vielleicht Jahre dazu brauchen würde, um sich nach und nach aus neuen Stücken ein dankbares Repertoire zu bilden. In Wien herrschte nämlich damals noch das Herkommen, einem Schauspieler nie eine Rolle, in deren Besitz er sich befand, abzunehmen, wenn er dieselbe nicht freiwillig abgab, ein Herkommen, das bisweilen die Aufführung der tüchtigsten Repertoirestücke durch Jahre hindurch unmöglich machte, weil man häufig eine Rolle den Besitzer derselben weder mehr spielen lassen noch sie ihm abnehmen konnte, und er dieselbe nicht freiwillig abgab.

In Berlin lebte damals noch der vierundachtzig Jahre alte Vater La Roche's, der bei der bevorstehenden Vermählung seines Sohnes mit dessen gegenwärtiger Gattin, der damaligen Weimar'schen Hofschauspielerin Fräulein Auguste Kladzig (die frühere Ehe war längst gelöst worden), gegenwärtig sein wollte, aber seines hohen Alters wegen die Reise nach Wien nicht leicht unternehmen konnte. Die Trauung fand deshalb in Berlin nach Schluß des Gastspiels statt. Das junge Ehepaar saß bereits im Wagen, als Graf Rhedern, der damalige Intendant der Berliner Hofbühne, nochmals den Wagenschlag öffnete und La Roche zur Annahme des Berliner Contractes zu bestimmen versuchte. Doch La Roche hielt treu an seinem der Wiener Intendanz gegebenen Worte. Graf Rhedern trat endlich bedauernd zurück, der Postillon klatschte mit der Peitsche und fort ging es, dem neuen ruhmvollen Wirkungs- kreise entgegen, der sich dem Künstler in der schönen Kaiser- stadt an der Donau öffnen sollte.

La Roche's künstlerische Wirksamkeit in Wien lebt bei allen Theaterfreunden in unmittelbarster und genußreichster Erinnerung fort. Wir haben im Eingange dieser Blätter seine vorzüglichsten Rollen erwähnt, ein übersichtliches Bild seiner ganzen staunenswerthen Thätigkeit bietet das von dem Beamten der artistischen Direction des Burgtheaters, Herrn Rister, zu- sammengestellte und veröffentlichte Repertoire aller von ihm ge- spielten Rollen, zu welcher in den letzten Tagen noch die des Ban- quiers Lenz in Schaufferts „Erbfolgekrieg" hinzugekommen ist. Im Ganzen weist dieses Repertoire 315 Rollen nach. Die meistenWiederholungen erlebte in diesem Repertoire „die Grille" von Charlotte Birch=Pfeiffer, in welchem Stücke La Roche die Rolle des Barbeaud 81 Mal spielte. Zunächst kommt die Rolle des Hild in „Garrick in Bristol" (68 Mal), Vansen in „Egmont" und Cantal im „Fabrikanten" (66 Mal , Cleram- beau in „Fesseln" und Frank in „Leichtsinn aus Liebe" (62 Mal), Just in „Minna von Barnhelm" und Friedau in „Helene" (60 Mal), Glittern in „der reiche Mann" (58 Mal) u. s. w.

In den ersten Jahren von La Roche's Wirksamkeit am Burgtheater war dieselbe natürlich in Folge der oben angeführten Verhältnisse eine beschränkte, aber von Jahr zu Jahr erweiterte sich sein Rollenkreis. Die Ferienzeit wurde alljährlich zu Gastspielen in Prag, Linz, Brünn, Pesth, Graz, Regensburg, Preßburg, Olmütz, Frankfurt a. M., Mannheim, Berlin, München, Hamburg u. s. w. benützt, und es war jedesmal eine reiche Gold- und Lorbeer-Ernte, die La Roche von diesen Gastspielreisen nach Wien heimbrachte. Im Jahre 1841 erfolgte die Ernennung La Roche's zum Regisseur des k. k. Hofburgtheaters. Im Jahre 1851 folgte er einer Einladung des Großherzogs von Weimar zu einem dreimaligen Gastspiele auf der dortigen Hofbühne. Damals war es weit schwieriger als heute, außer der gesetzlichen Ferienzeit einen ausnahmsweisen Urlaub zum Behufe des Gastirens zu erlangen. Der Großherzog von Weimar mußte sich wegen des Gastspiels von La Roche direct an den Kaiser von Oesterreich wenden. Dieses Gastspiel besiegelte jetzt erst die vollständige Aussöhnung La Roche's mit dem Hofe und dem Publicum von Weimar, beide hatten es ihm lange nicht verzeihen können, ja es geradezu unbegreiflich gefunden, daß er die Stadt Goethe's und Carl August's verlassen, wo er eine so hervorragende Stellung eingenommen hatte und von den allgemeinsten und lebhaftesten Sympathien getragen wurde. Im Jahre 1858 gastirte La Roche zum zweiten Male in Weimar, bei welcher Gelegenheit er vom Großherzoge durch Verleihung des Ordens vom weißen Falken ausgezeichnet wurde. Ueberhaupt war dieses zweite Gastspiel reich an Huldigungen für den Künstler. So hatte z. B. der Kammerherr Walter von Goethe (ein Enkel des Dichters), der eben von Weimar abwesend war, den Auftrag hinterlassen, das Haus Goethes, welches während dieser Abwesenheit für alle Welt verschlossen war, dürfe für La Roche ausnahmsweise geöffnet werden, „damit er alte Zeiten sich ins Gedächtniß zurückrufen, in alten Erinnerungen schwelgen könne." Beim Abschiede erhielt La Roche von Walter von Goethe das große Pracht-Exemplar von „Faust" mit den Zeichnungen von Engelbert Seiberz. Ein frischer Lorbeerkranz, auf dessen Bande die Worte zu lesen waren:

Viel leichter ist ein Kranz gebunden,
Als ihm ein würdig Haupt gefunden

begleitete dieses ebenso sinnige als kostbare Geschenk.

Am 24. März 1858 feierte La Roche seine silberne Hochzeit mit Auguste Kladzig. Ein Fest im Hause der La Roche befreundeten Gatten Karl und Julie Rettich vereinte die Kinder und die zahlreichen Freunde des Jubelpaares. La Roches Sohn Heinrich, damals Marine-Offizier, hatte aus diesem Anlasse Urlaub erhalten und war nach Wien geeilt, um an der Feier Theil zu nehmen. Bei einer Theater-Vorstellung (einer Art Prolog mit lebenden Bildern) wirkte La Roches Tochter Amalie mit, indem sie in den lebenden Bildern ihren Vater darstellte. Fräulein La Roche sieht ihrem Vater in einer wahrhaft merkwürdigen Weise ähnlich, und unterstützt durch eine kunstvolle Maske und in männlicher Kleidung, die genau in Schnitt und Farbe der La Roches

nachgeahmt war, ergab sich eine Täuschung von geradezu über=
wältigender Macht. Man glaubte zwei Carl La Roche's zu
sehen, den einen in dem Ehrenfauteuil der ersten Zuschauer=
reihe sitzend und den anderen in dem lebenden Bilde auf der
improvisirten Bühne. Ich kann es mir nicht versagen hier
das reizende Gedicht abdrucken zu lassen, mit welchem Betty
Paoli die silberne Hochzeit des Ehepaares La Roche feierte.
Es lautet:

Zur silbernen Hochzeit

meiner lieben Freunde

Carl und Auguste La Roche.

Schön ist die Zeit der jungen Liebe,
Von deren Glück der Dichter singt,
Wenn aus dem irdischen Getriebe
Die Seele froh sich aufwärts schwingt,
Wenn in das Herz der Strahl gesunken,
Der leuchtend ihm die Welt verschönt,
Und von den Lippen wonnetrunken
Der seligste der Schwüre tönt.

Schön ist sie, doch von reich'rem Schimmer
Dünkt jene Liebe mich verklärt,
Die treu und wandellos sich immer
Im Lebenskampfe hat bewährt,
Die noch im Herbst ein bunter Falter,
Uns Kunde von dem Frühling bringt,
Und wie die Jugend so das Alter
Mit ewig frischem Hauch durchdringt.

Und solche Liebe, mild erhellend
Des Daseins oft so dunkeln Grund,
In immer neuen Blüthen schwellend
Sie spiegelt sich in Eurem Bund.
Sie hält Euch heute noch umschlungen,
Noch heute gilt ihr erster Schwur,
Und was Ihr auch erstrebt, errungen,
Ihr dankt es ihrem Walten nur!

Du, den der Süden wie der Norden
Als Heros seiner Kunst begrüßt,
Sprich, wärst Du, was Du bist geworden,
Wenn sie Dir nicht das Sein versüßt?
Wenn sie nicht mit demantnem Schilde
Den Sorgen wehrte und dem Gram,
Wenn ihre Hand, die sanfte milde
Nicht deine Bürden von dir nahm?

Und Du, die einst mit Wonnebeben
Als Braut an seinem Herzen lag,
O sag', begann dein wahrhaft Leben
Nicht erst an jenem schönen Tag?
Des Geistes und der Seele Waffen
Du stähltest sie in dem Beruf
Ein stilles Glück dem Mann zu schaffen,
Den die Natur zur Größe schuf.

Wie ließe hier sich unterscheiden,
Wer Größeres gab, wer mehr empfing,
Wer sich von Euch beglückten Beiden
In tiefre Liebesschuld verfing!

Was sollen auch die müß'gen Fragen?
Sie kommen nur der Selbstsucht zu:
Nie merktet Ihr in Euren Tagen
Die Grenze zwischen Ich und Du.

Ein Wahn ist's, daß mit seinen Gaben
Das Schicksal launenhaft verfügt:
Es heißt uns kämpfen, und wir haben
Nur jenes, was wir uns ersiegt.
Drum schmücke Euch des Sieges Zeichen:
Das Reis vom immer grünen Baum;
Doch möge heut der Lorbeer weichen
Und lasse für die Myrthe Raum.

Auch der alte Castelli begrüßte das Jubelpaar mit
einem herzlichen und sinnigen Festgedichte.

Am 11. Juni 1861 hatte sich das halbe Jahrhundert
erfüllt, seitdem der Meister zum ersten Male die heißen Bretter,
welche die Welt bedeuten, betreten hatte. La Roche, mit dem
ihm eigenthümlichen, anspruchslosen und bescheidenen Wesen,
das jede öffentliche ihn betreffende Kundgebung scheut, hatte
selbst gegenüber seinen vertrautesten Freunden dieses für ihn
so bedeutungsvollen Datums mit keiner Silbe erwähnt. Niemand in Wien wußte von demselben oder gedachte desselben
und der Tag ging, wie La Roche es gehofft und gewünscht
hatte, still und unbemerkt vorüber. Aber draußen in Deutschland, an den Stätten seines frühesten Wirkens, in den Wiegen
seiner Künstlergröße, hatte man sich sehr wohl erinnert, daß
La Roche sein fünfzigjähriges Künstlerjubiläum feiere. Er

erhielt zahlreiche Briefe und Glückwunsch=Telegramme und mehrere zum Theil sehr werthvolle Geschenke. So sandte ihm die Königin von Preußen, eine geborene Prinzessin von Weimar, die La Roche von Jugend auf freundlich gewogen war und blieb, die Medaille für Kunst und Wissenschaft, und die Familie Goethe ließ für La Roche den ersten Abguß von jener schönen Büste Goethes nehmen, die aus dessen Jugendzeit stammt und während seiner italienischen Reisen gemacht wurde. Von Franz Wallner kam eine prachtvolle Riesenvase u. dgl. m.

Im Herbst 1860 hatte La Roche das kleine Haus in Gmunden am Ufer des herrlichen Traunsees gekauft, in welchem er seitdem seine Ferienzeit, Anfangs nur zwei Monate, seit einigen Jahren aber, seitdem ihm überhaupt eine Aus=nahmsstellung bei der Bühne gewährt wurde, vier Monate zubringt. Ueber das kleine Haus und das friedlich und doch geistig so anregende und bewegte Leben, das La Roche jeden Sommer mit seiner Familie und seinen Freunden in dem=selben führt, werde ich wohl später Gelegenheit finden, einige Worte zu sagen. In die Idylle dieses Landlebens brachte das Jahr des Unheils 1866 zu den allgemeinen Unglücksfällen noch zwei erschütternde Privat=Katastrophen. Unter den gern=gesehensten und heitersten Gästen in dem kleinen Hause am See befand sich stets Fritz Beckmann, der Künstler mit der zugleich so feinen und drastischen, so gutmüthigen und doch so unwiderstehlichen Komik. Beckmann litt seit Jahren an einem chronischen Uebel, das er durch den jährlichen Gebrauch der Carlsbader Quellen erfolgreich bekämpfte. Durch die Kriegs=

verhältnisse wurde er im Sommer 1866 gezwungen, auf die ihm unentbehrlich gewordene Carlsbader Cur zu verzichten, und ging nach Gmunden, wo er natürlich täglich mit der Familie La Roche aufs innigste verkehrte. Am 30. Juli erkrankte Beckmann, und gleich in den ersten Stunden dieser Erkrankung zeigten sich höchst bedenkliche Symptome. Der Telegraph war für den Privatverkehr gesperrt, die chirurgischen Celebritäten Wiens befanden sich größtentheils auf dem Kriegsschauplatze und bis ein Arzt aus Salzburg geholt werden konnte, hatte bereits die Blutvergiftung begonnen. Am 4. August fand der Transport Beckmanns nach Wien statt. Dieser Transport bot ein wahrhaft erschütterndes Bild dar, Beckmann lag mit den schmerzverzerrten bleichen Lippen, die so herzlich zu lachen und andere so viel lachen zu machen verstanden hatten, auf seinem Leidensbette, das von sechs Trägern auf den Schultern zum Bahnhofe getragen wurde. Der traurige Zug machte bereits den Eindruck eines Leichenbegängnisses. In Wien, wohin man Beckmann in seinem Bette, das man in einen Lastwaggon gestellt hatte, brachte, schwankte sein Zustand 38 Tage hindurch zwischen leichter Besserung und vollkommener Hoffnungslosigkeit. Am 7. September endlich hatte der Dulder, nachdem er sich noch am 29. August einer der schmerzlichsten Operationen unterworfen hatte, ausgerungen; — wieder Einer der Lieblinge Wiens war hinüber gegangen. An demselben Tage, an dem Beckmann erkrankte, wurde Fricke, ein junger, am Burgtheater angestellter Schauspieler, dessen künstlerische Bedeutung keine

hervorragende war, der aber wegen seiner Heiterkeit und seines
liebenswürdigen, anspruchslosen Wesens ein wohlgelittenes
Mitglied des La Roche'schen Kreises war, in Gmunden vom
Wahnsinn befallen. Er mußte ebenfalls nach Wien gebracht
werden, wo er nicht allzulange Zeit darauf in Tobsucht ver-
fiel und starb. Beide Trauerfälle, besonders aber der Tod
seines Freundes Beckmann, erschütterten La Roche aufs
Tiefste. Vielleicht war es die gedrückte Stimmung, die sowohl
durch die Unglücksfälle, die Oesterreich betroffen, als auch durch
diese beiden Katastrophen in ihm erzeugt wurde, welche um diese
Zeit in La Roche den Gedanken wachrief, seiner Bühnen-
wirksamkeit zu entsagen und um seine Pensionirung einzu-
schreiten. Man mußte von dieser Absicht La Roches in
Weimar erfahren haben, denn im October 1866 erhielt
der Künstler einen Brief des Hofmarschall Graf Wedell,
welcher ihn im Namen des Großherzogs einlud, falls er von
der Bühne zurücktreten sollte, nach Weimar zu übersiedeln.
Seiner Familie und seinen Freunden gelang es indessen, ihn
von dem Gedanken eines Rücktrittes von der Bühne wieder
abzubringen. Und in der That war gerade seine künstlerische
Thätigkeit die wirksamste Panacee gegen seine zeitweilige
gedrückte Stimmung, während die Muße des Pensionsstandes
dieselbe wahrscheinlich noch gesteigert hätte. Die Gefahr,
La Roche als Künstler zu verlieren, hatte den unstreitbaren
Werth desselben wieder lebhaft Allen vor Augen gestellt.
Am 28. April 1868 wurde La Roche das Ritterkreuz des
Franz Josef Ordens von dem Kaiser von Oesterreich ver-

liehen und im Jahr 1869 sandte der Monarch ihm einen
kostbaren Brillantring als Zeichen seiner Anerkennung und
persönlichen Gewogenheit.

Das Jahr 1872 war vielleicht das schmerzlichste in dem
Leben La Roches. Von den drei Kindern aus seiner gegen=
wärtigen Ehe hatte er zwei, ein Mädchen und einen Knaben,
schon längst in ihrem zartesten Kindesalter verloren, es blieb
ihm aus dieser Ehe nur noch ein Sohn, Heinrich, der in den
letzten Jahren eine angenehme Stellung in dem Bankhause
des mit La Roche seit vielen Jahren innig befreundeten
Baron Max Springer einnahm. Dieser letzte Sohn
La Roches starb im Mai 1872 im Alter von achtund=
dreißig Jahren nach längerem schwerem Leiden. Während sein
Sohn mit dem Tode rang, war La Roche selbst ernstlich
erkrankt und man mußte ihm die Nachricht von dem mittler=
weile erfolgten Tode seines Heinrich verheimlichen, da man
von der Mittheilung dieser Katastrophe die traurigsten Folgen
für ihn selbst fürchtete. Erst nachdem seine unerschöpflich
kräftige Natur gesiegt hatte und er wieder hergestellt war,
durfte man es wagen, ihn auf den Trauerfall vorzubereiten,
dessen endliche Mittheilung ihn zwar auf das Tiefste und
Schmerzlichste erschütterte, den er aber doch mit männlichem
Muthe und heroischer Resignation ertrug. So ist ihm von
seinen Kindern allen nur seine Tochter aus der ersten Ehe,
Amalie, geblieben. Vor Jahren eine begabte Sängerin,
die schöne Erfolge auf der Bühne errang, hat sie schon seit
längerer Zeit der Kunst entsagt, um sich vereint mit La Roches

Gattin ganz der Pflege und dem Glücke ihres Vaters zu widmen. Diese zwei edlen Frauen bilden mit La Roche zusammen ein ergreifendes Kleeblatt gegenseitiger innigster Liebe und Verehrung.

Hiermit wären denn die flüchtigsten Umrisse von La Roche's reichem äußeren Leben gezogen. Aber der schwierigere Theil des Bildes, La Roche's Charakterisirung als Künstler, und der angenehmste Theil desselben, seine Würdigung als Mensch bleibt uns noch zu entwerfen. Was nun La Roche's Charakterisirung als Künstler betrifft, so ist Viel und Mannigfaches über ihn geschrieben worden, er ist mit vielen seiner Kunstgenossen — allerdings nur immer mit den größten — verglichen worden. Es sind wiederholt Parallelen zwischen ihm, Seidlmann, Eßlair und Eckhof gezogen worden. Am häufigsten hat man ihn mit dem großen Iffland verglichen, und zwischen diesen beiden Künstlern scheint in der That die meiste geistige Verwandtschaft bestanden zu haben. Carl Töpfer, La Roche's Jugendfreund, sagt in dieser Beziehung sehr treffend:

Carl La Roche ist der Iffland unserer Tage. Iffland würde der Gegenwart zu scharf im Komischen, zu gesucht im Tragischen erschienen sein. Diese Bemerkung soll kein Blatt von dem Kranze wegnehmen, der das Haupt des hinübergeschlummerten Meisters ziert. Seiner Zeit war er die höchste Vollendung. Aber die Schauspielkunst, wie die Sprache, unterliegt einer verfeinernden Entwickelung. Mit dem Fortschreiten der Cultur schüttelt die Sprache Ueberflüssigkeiten und Härten ab — das Sensorium des Publicums wird reizbarer — was früher Natur schien, wird jetzt erkannt als erkünstelte Natur. Der Schauspieler, welcher jetzt Charaktere zeichnet, wie der Dichter, der die Conturen dieser Charaktere entwirft, seien sie ernster oder komischer Gattung, darf nicht über Das hinausgehen, was im wirklichen Leben möglich ist. Trauerspiel und Lustspiel müssen „the mirror of life" sein und nur so viel vom Idealen entlehnen, daß die „schöne Lüge" vom Publicum nicht durchschaut wird. Jfflands Kaufmann Herb, sein Geiziger, vor vierzig Jahren unübertroffene Meisterleistun= gen, würden jetzt erschrecken durch die gewagten Umrisse. Man würde sagen: „Ach, solche Leute gibt es nicht!" Jetzt verlangt man vor Allem Glaubwürdigkeit. Der Mann, den wir sehen, muß irgendwo in Deutschland leben — er ist uns nur nicht zu Gesichte gekommen. Dies eben ist Carl La Roches unver gleichliches Verdienst um die Dichter und um die Schauspielkunst. Seine Gestalten sind lebendige Gestalten, nicht Hoffmann'sche Automaten, die das Leben täuschend copiren. An seinen Gestalten fühlt man den Schlag des Herzens und die Blutwärme. Er macht sich des Dichters Schöpfung so ganz zu eigen, er amal= gamirt sie mit seiner innern Wesenheit so durch und durch, daß jene in ihm aufgeht und er in ihr. Daß er aber die außer= ordentliche Wirkung hervorbringt, allein mit der Naturwahrheit, ohne Beihülfe erkünstelter Züge, macht ihn zum Jffland unsrer Tage. Gibt es nicht in jeder großen Stadt einen Klingsberg, wie La Roche ihn darstellt? Ist nicht La Roches „reicher Mann" überall aufzufinden, wo reiche alte verzärtelte Männer wohnen? Jfflands Kaufmann Herb war unwiderstehlich komisch: aber es war eine feine Carricatur des Lebens, nicht das Leben selbst. Sein „Geiziger" erregte Jubel, eben weil Jffland in seiner Gliederbeweglichkeit ein Ausnahme=Mensch war — er gab Bild über Bild, eines treffender, als das andere. Aber einen solchen Geizigen, das fühlt man jetzt, besaß nur die Bühne, nicht die Wirklichkeit. Man sehe in den noch vorhandenen Gemälden z. B. die Stellung der Beine des Künstlers. Wunderbar drollig ist das Profil der Gestalt, mit diesen zurückgedrückten Knieen und den vorgeschobenen Füßen. Aber nur Jffland war im Stande, so zu gehen und so zu stehen; eben darum überraschend komisch, weil die Bewegung und das Stehen charakteristisch und doch gänzlich neu erschienen. Bei La Roche überraschen uns niemals extraordinäre Gliederbewegungen und Körperhaltungen. Wie er geht, wie er steht, so haben wir schon gehen und stehen gesehen, sein Wesen ist nicht das eines Ausnahme=Menschen, sondern das Wesen des pikanten Exemplars aus der lebenden Gattung, in welche der Dichter griff. Dieses Exemplar aber wird, vermöge der allen großen Künstlern eigenthümlichen Errathungsfähigkeit, mit Zügen ausgestattet, welche dem Conturenentwerfer gänzlich entgangen waren und die doch zur abgeschlossenen Individualität integrirend gehören, wie der untergeordnete Begriff zum synthetischen. La Roche vervollständigt die Gestalt des Dichters, er reproducirt also im eigensten Sinne des Wortes. Daß eine solche Gestalt, wie wir es bei La Roches Darstellungen überall erleben (erst kürzlich, den Zeitungen nach in Prag), mit unerhörtem Jubel begrüßt wird, liegt in der Natur der Sache: jedem Publikum wohnt ein Instinkt für die Möglichkeit des Vorhandenseins eines Kunstobjectes im wirklichen Leben inne, und fühlt das Publicum, das Generelle ist wahr, so lehrt ihn sein Instinkt, alles Specielle an demselben auffassen. Nur der in der Schauspielkunst am höchsten stehende Meister vermag jedoch, so ohne alle theatralische Effectmittel, einzig mit das Totale vervollständigenden Einzelheiten den Beifallsturm hervorzurufen. — La Roche ist ein solcher Meister — er ist der Iffland unserer Tage. Andere Charakterschauspieler ersetzen diese objectiven Einzelheiten durch subjective — wo Charakterwirksamkeit stattfinden soll, tritt eine Schauspielerwirksamkeit an ihre Stelle, was indessen, wenn es mit Geschicklichkeit geschieht, so daß es nur dem Tieferblickenden erkennbar ist, keineswegs Tadel verdient. Eine solche Schauspielerwirksamkeit ist übertragbar — sie geht von Vorbild auf Nacheiferer über. Auch Ifflands meisterhafte Schauspielerzüge sind uns von Nachfolgern wiedergegeben worden. Selbst in manchen Rollen des unerreichten Genies Ludwig Devrient waren sie aufzufinden. Aber Niemand wird La Roche ersetzen in dessen primitiver Erweckung der Gestalten; er ist uncopirbar, weil man ihn nirgend bei einem Zipfel den Manier anfassen kann, er entschlüpft in seiner Lebensglätte und scheinbaren naiven Natur allen den Händen, die ihn festhalten wollen. Wer den Klingsberg des La Roche copiren kann, muß selbst ein La Roche sein, d. h. er muß alle inneren und äußeren Mittel des Künstlers besitzen. Aber diese besitzt nur Er — darum ist er der Iffland unserer Tage. Nichts Subjectives verleiht er den Gestalten außer der persönlichen Grazie, jener Abrundung der Ecken, vor denen die Kunst die Thür zuschließt, und die wir in der feineren Wirklichkeit schon vermeiden. Er kann das Klima

der pathetischen Tragik vertragen, aber er befindet sich darin nicht
in seinem eigentlichen Elemente — Iffland befand sich ebenso.
Dennoch war Ifflands „Lear" eine treffliche Leistung, und
La Roches „Cromwell" ist eine treffliche Leistung. Iffland
wurde nicht alt in einem Stücke — La Roche wird nicht alt
in seinen Glanzrollen — wenn man sie zehn Mal gesehen hat,
so freut man sich darüber bei dem eilsten, wie bei dem ersten
Male. Würden sonst Lustspiele mit ihm in der Hauptrolle auf
dem Burgtheater seit Jahren unzählige Male gegeben werden
können? Iffland wurde nicht alt, aber er starb — La Roche
wird auch nicht alt — aber — er soll noch recht lange alt werden
ohne alt zu werden!

La Roches äußere Erscheinung wird wohl nur wenigen
Bewohnern Wiens fremd sein. Die noch immer aufrechte,
elastische Gestalt mit dem leichten Ansatze von Embonpoint in
stets einfacher aber höchst geschmackvoller und sorgfältig
gewählter Tracht von untadelhafter Nettigkeit, der olympische
Goethekopf mit dem feinen Lächeln um die geistvollen Lippen,
dem lebhaften Blicke und der edlen Haltung gehören zu den
gekanntesten und freundlichsten Staffagen des Wiener Stadt=
bildes. Eine sehr anschauliche Federzeichnung desselben ent=
warf Cajetan Cerri in der Iris: „Ein schöner Kopf mit
hoher intelligenter Stirne, kühner Adlernase und geistvollen
Zügen, die ungemein lebhaft an Goethe erinnern, reiches,
kastanienbraunes Haar, lichte schelmische Augen und ein so
genannter Kaiserbart, behäbige und doch geschmeidige und
höchst bewegliche Gestalt, der Ausdruck der Miene lächelnd
und satyrisch, herrliches Organ, spricht viel und mit Witz,
zeigt sich freundlich gegen Alle, ist gewöhnlich guten Humors
und lacht gerne, trefflicher Gesellschafter, edler Gang, hat

als unzertrennlichen Begleiter einen merkwürdigen Hund, Peter genannt, der bereits von den ersten Künstlern, wie z. B. Ranftl, gemalt wurde, übt viel Wohlthaten aus und hilft gerne im Stillen."

Dieses Federportrait stammt aus dem Jahre 1850. Seitdem hat sich wohl das reiche kastanienbraune Haar etwas gelichtet, aber La Roche läßt es noch immer täglich mit derselben Sorgfalt kräuseln, wie denn überhaupt die fast peinliche Aufmerksamkeit, welche La Roche seiner äußeren Erscheinung zuwendet, zu den Eigenthümlichkeiten des Künstlers gehört. Auch der Hund Peter trabt längst nicht mehr an seiner Seite, sondern ist der magistratischen Steuercontrole entrückt worden, bevor noch die Einführung der Hundemarken sein Hunde-Ehrgefühl gedemüthigt. Seine Stelle in der Zuneigung seines Herrn haben einige befiederte Sänger eingenommen. Im Uebrigen ist das Portrait nach heute so ähnlich, wie La Roches schöne Lithographie von Kriehuber, wie seine zahllosen Photographien, die die Bilderläden der Residenz schmücken. Namentlich ist die Aehnlichkeit mit Goethe wahrhaft frappant, ja sie tritt gerade mit zunehmenden Jahren immer mehr hervor. Die leichtfertigen und unmöglichen Conjecturen, welche hie und da an diese Aehnlichkeit geknüpft wurden, zu widerlegen, lohnt kaum der Mühe. Ist es doch bekannt genug, daß bedeutende Erscheinungen in merkwürdiger Weise auf die leicht erregbare Phantasie der Frauen wirken und nach unerforschlichen Gesetzen dem Kinde im Mutterschooße ihr Gepräge aufdrücken. Wer denkt dabei nicht

an Mühlfeld's Imperatorenkopf, sowie überhaupt an die zahlreichen Ebenbilde des ersten Napoleon.

La Roche ist nicht nur ein Bühnenkünstler, sondern auch
ein Lebenskünstler ersten Ranges. Er ist der heiterste, angenehmste Gesellschafter, der gastfreieste, liebenswürdigste
Wirth. Niemand versteht es wie er, die Feinheiten eines
gelehrt zusammengestellten Menu's, die Blume eines alten
Weinjahrganges zu würdigen. Er ist nicht Gourmand in
dem gewöhnlichen Sinne des Wortes, sondern auch auf diesem
Gebiete selbstschöpferisch. Er hat berühmt gewordene Saucen
componirt und wäre im Stande gewesen, die klassische Olive
jenes römischen Kaisers, welche den Saft von zwanzig Fleisch-
und Wildumhüllungen in sich gesogen hat, zu erfinden, wäre
er nicht zu spät geboren worden. In der Bereitung eines
Ananaspunsches steht er unerreicht da.

Daß alle geselligen Kreise der Hauptstadt den ausgezeichneten Künstler und liebenswürdigen Menschen an sich zu
ziehen bemüht waren, ist wohl selbstverständlich, und in früheren Jahren folgte La Roche häufig genug diesen Lockungen.
Er war ein eifriges Mitglied des von dem zu früh geschiedenen
Alexander Baumann gegründeten „Soupiriton", einer
aus Künstlern und heitern Weltmännern bestehenden Gesellschaft, in der der Geist oft in hellen blitzenden Funken sprühte,
er war Jahre hindurch Großmeister der bekannten Künstler-
gesellschaft „die grüne Insel", deren Mitglieder ihm bei verschiedenen Gelegenheiten Huldigungen in Wort und Ton dar
brachten. In den letzten Jahren hat La Roche sich allerdings

mehr in sein Familienleben und in einen kleinen Kreis ver=
trauter Freunde zurückgezogen, zum großen Bedauern seiner
so zahlreichen Verehrer. Wenige Menschen dürften so zahlreiche
Freunde und so wenige Feinde besitzen als La Roche. Alles
was in Wien zur Intelligenz oder überhaupt zu den Spitzen
der Gesellschaft zählt, ist mit La Roche befreundet. Dazu
kommt noch das freilich von Jahr zu Jahr zusammenschmelzende
Häuflein seiner Jugendgenossen, der guten Kameraden aus
der ersten Blüthezei seines Strebens und Schaffens. Zu den
intimsten Freunden La Roches zählt der Dichter Carl
von Holtei. Bei Gelegenheit eines Gastspieles in Graz be=
grüßte Holtei La Roche mit einem wehmüthig = heiteren
Gedichte, aus dem wir einige Strophen anführen wollen:

Vagabunden, Vagabunden,
Aller Tage, aller Stunden
Rücken an in großen Schaaren;
Woll' der Himmel uns bewahren,
Lauter Geher, lauter Kommer,
Immerfort den ganzen Sommer.

Ball' die Faust und mach' Kabale,
Hilft nichts, doch vor Allem zahle,
Suche Logen, kaufe Sitze,
Dräng' Dich durch, zerreiß Dich, schwitze,
Und bewahr' Dir für La Rochen
Noch die letzten dreißig Groschen.

Denn auch diesen alten Meister
Hat der Chef der bösen Geister

Heuer wieder losgelassen,
Daß er, stieselnd durch die Gassen,
Jede Höhe jede Tiefe
Gräzer Pflasters emsig prüfe.

Und man muß mit müden Haxeln
Zu ihm, von ihm, mit ihm kraxeln,
Tag und Nacht hat man nicht Ruhe,
Lenzet faul, zerreißt die Schuhe,
Kann sich gar nicht von ihm trennen,
Muß in alle Kneipen rennen.

Leider! Jugend hat nicht Jugend!
Ach! ist's nicht ein Hauch der Jugend,
Wer vor Dir, der Mohikaner
Letztem, alten Weimaraner
Herzieht, uns die Stirn umsäuselt,
Und die grauen Haare kräuselt?
.

Sei willkommen! Dein Erscheinen
Läßt mich wähnen, läßt mich meinen
Abendroth sei Morgenröthe,
Und es blicke Vater Goethe
Mild noch einmal auf uns nieder,
Beßre Zeiten kehrten wieder.

Jene Zeiten! thöricht Wähnen!
Dennoch perlen Freudenthränen
Zu des Wiedersehens Feier,
Und durch ihren trüben Schleier,
Weit in Aethersblau verschwommen,
Flüstert Jugend: Sei willkommen!

Ich entnehme diese Strophen La Roche's Album. Dieses Album ist überhaupt eine Merkwürdigkeit und birgt seltene Schätze, zum Beispiele außer dem mitgetheilten Autograph Göthes eine in Tusch ausgeführte Landschaft des großen Dichters, der bekanntlich mit Vorliebe zeichnete und malte. Das Bild stellt eine felsige Gegend ohne alle Staffage dar. Sehr interessant ist die Federzeichnung, „eine Soirée am Hofe Carl Augusts", die von einem ausgezeichneten Dilettanten, einem Weimar'schen Kammerherrn, entworfen mit Porträtähnlichkeit den Großherzog, die Großherzogin, den Erbprinzen, den alten Hofmarschall v. Einsiedel, und den ganzen Hofstaat darstellt. Einige hübsche Radirungen zeigen Ansichten aus dem Parke von Weimar. Von den zahllosen Portraits, die größtentheils mit Autographen und Dedicationen geschmückt sind, interessiren vor Allen die Schauspieler aus einer versunkenen großen Kunstepoche: Carlsberg, der beim Brande des Berliner Hoftheaters ums Leben kam, Iffland, Eckhoff, Lortzing, Durand, Graff, Mary, Sophie Schröder als Sappho, Schröder-Devrient, Carl Devrient, Jagemann-Heygendorff, eine bezaubernde Schönheit, deren Macht über Carl August leicht begreiflich scheint, wenn man dieses wundervolle Antlitz erblickt, Sophie Müller (Aquarellportrait), Betty Roose, geborne Koch, als Iphigenie, u. s. w. Daß Goethe und die Mitglieder der großherzoglich Weimar'schen Familie nicht fehlen, ist selbstverständlich. Aber auch die Zeitgenossen haben es nicht unterlassen, in so illusterer Gesellschaft zu erscheinen: Anschütz,

Löwe, Beckmann, Wilhelmi, Amalie Haitzinger, Louise Neumann, Julie Rettich, Christine Hebbel, Mathilde Wildauer, Wallner, Franz Wild u. s. w. Alle diese Gestalten blicken uns aus gelungenen Lithographien entgegen, und unter jedem Bilde steht ein herzliches oder geistvolles Wort. Von Dichtern finden wir Grillparzer, der unter sein Bild die Verse schrieb:

> Dir und der Kunst, die reich belebt,
> Was Dasein fordernd den Dichter umschwebt —

Halm, Deinhardstein, Bauernfeld, Castelli, Laube u. v. A.

Halm hat außer den schmeichelhaften Versen, die er unter sein Bild schrieb, La Roche noch durch das Sonett geehrt, mit welchem er ihm sein am 29. März 1848 zum ersten Male aufgeführtes Lustspiel: „Verbo und Befehl" widmete. Dieses in der Gesammtausgabe von Halms Schriften abgedruckte Gedicht lautet:

> Des Dichters Wort verhallt in Sturmes Toben;
> Und schlägt der Zwietracht loher Brand empor,
> Wer liehe den Gestalten Blick und Ohr,
> Die Phantasie aus Duft und Schaum gewoben?
>
> Solch' Schicksal mußte auch dies Lied erproben;
> Dir aber, der sie mit heraufbeschwor,
> Dir schweben wohl noch seine Klänge vor,
> Die längst im wilden Drang der Zeit zerstoben.

So sei's Dein eigen denn, und wenn mit Scherz,
Mit Ernst es bald berührt der Hörer Herz,
Und neckend spielt mit wechselnden Gefühlen:
Dein eigen doppelt, weil Dir's doppelt gleicht,
Dem bald Melpomene den Lorbeer reicht,
Thalias Rosen bald die Schläfe kühlen.

Die mit Bleistift geschriebenen Verse unter Halms
Bilde lauten:

Wär dieses Bild, wie ähnlich es auch sei:
Mir sprechend ähnlich, wie's die Leute nennen,
Wie sähst Du seine Lippen schnell sich trennen,
Wie rief Dir's zu mit lautem Jubelschrei:
„Dem Künstler Heil, den Keiner übertroffen!"
Doch leider täuscht das stumme Bild dieß Hoffen
Und so, erlaub' mir, schreib ich's hin mit Blei.

La Roches Charakteristik als Mensch wäre unvollstän=
dig, wollten wir seines edlen Wohlthätigkeitssinnes vergessen,
der nicht nur im Geben, oft über seine Kräfte, sondern auch
in unermüdlicher persönlicher Verwendung für Hilfsbedürftige
bei seinen hochgestellten und reichen Freunden zu Tage tritt.
Kein Weg ist ihm zu weit, keine Treppe zu hoch, wenn es gilt
einem Bittsteller, der sich an ihn wandte, die frohe Nachricht
von der Erfüllung seines Wunsches selbst zu überbringen.
Eben so ist La Roche der beste neidloseste College, den es je
in einem Künstlerverbande gegeben. Mit klarem Auge und
Verständnisse, mit herzinniger Freude folgt er den glücklichen
Leistungen seiner Collegen und erquickt sich an denselben,
auch wenn es Rollen sind, die er selbst gespielt hat oder

hätte spielen sollen. Streng gegen sich und nachsichtig gegen
Andere, erfüllt er seine Pflichten als Schauspieler und Regisseur
mit fast peinlicher Gewissenhaftigkeit. Er fehlt nie bei einer
Probe oder einer Vorstellung, wenn er Regisseur des Monates
ist, er wohnt allen Probespielen von Aspiranten auf eine Stel=
lung im Burgtheater bei, er liest alle eingereichten Stücke
und gibt sein motivirtes Gutachten ab. Selbst nach seinem
Tusculum in Gmunden läßt sich La Roche die Stücke nach=
senden, um die Entscheidung des Regiecollegiums nicht zu
verzögern. Mit allen seinen wechselnden Chefs Czernin,
Lanckoronsky, Münch, Wrbna stand La Roche immer
in den besten freundschaftlichsten Beziehungen; nur zwischen
Laube und ihm ist in der letzten Zeit der Directionsführung
des ersteren eine ziemlich ernste Verstimmung eingetreten.

Die glücklichsten Tage Meister La Roches sind die,
welche er in Gmunden in seinem kleinen Häuschen am Ufer des
Sees, umgeben von seiner Frau und Tochter und von zahlreichen
Freunden und Besuchern zubringt. Dieses Leben ist aber auch
wirklich ein beneidenswerthes; es ist eine Idylle, gehoben und
erfrischt durch den anregendsten geistigen Verkehr, die fast ideale
Erfüllung des Dichterwunsches, otium cum dignitate. Wer
jemals den Fuß in La Roches kleine Villa in Gmunden ge=
setzt, wird die herzliche gastfreie Aufnahme, die er dort ge=
funden, nie vergessen und die daselbst verlebten Stunden zu
seinen angenehmsten Erinnerungen zählen. Von dem Balkon
schweift das entzückte Auge über das herrliche Panorama des
Traunsees, von dem Victor Scheffel so treffend singt:

4

Wie verklärt strahlt mir entgegen
Gottes Welt, wie groß, wie weit!
Steirisch Meer! ich fühl' den Segen
Deiner keuschen Herrlichkeit.
Was gequält mich und gekränket,
Was des Denkens Folter war,
Tief zum Seegrund sei's gesenket,
Sei vergessen immerdar.

Und Meister La Roche sitzt auf dem Balkon und läßt die blauen Ringelwölkchen aus seiner langen Cigarrenpfeife in die blaue Abendluft hinaufwirbeln. Und wenn es dann Nacht wird, dann erhellt sich der kleine Salon, dann schlüpfen Männer= und Frauengestalten durch den kleinen Vorgarten und die Treppe des erhöhten Parterre hinauf. Bauern= feld ist von Ischl herübergekommen, und liest einem kleinen Kreise das neue Lustspiel vor, das er dort geschrieben. Franz Wallner erzählt von seinen Fahrten in der Wüste, Caroline Gomperz=Bettelheim singt mit ihrer mäch= tigen und sympathischen Stimme ein Schubert'sches Lied, Gräfin Friederike Prokesch (Goßmann) gibt, wenn sie gut gelaunt ist, eine französische Chansonette zum Besten, der berühmte Reisende Schlagintweit spricht von den Wundern der Pacific=Bahn und Anton Ascher gießt die ätzende Lauge seines caustischen Witzes über Alles und Alle. La Roche nimmt in Gmunden gleichsam die Stelle des Hausherrn ein, er macht die Honneurs des lieblichen Seestädtchens. Niemand von irgend socialer, künstlerischer oder geistiger Bedeutung

hält sich in Gmunden auch nur Stunden auf, ohne in
dem kleinen Häuschen vorzusprechen. Mitglieder der kaiser=
lichen Familie haben La Roche wiederholt durch ihren Be=
such ausgezeichnet, die Erzherzogin Sophie sah ich selbst im
letzten Sommer ihres Lebens auf einer Bank der Esplanade
warten, bis La Roche, der gerade nicht zu Hause war, geholt
wurde, um sie in sein Haus zu geleiten. Erzherzog Ludwig
Victor, Erzherzog Carl Ludwig und seine Gemahlin pochten
an seine Thüre. Der verstorbene Graf Kuefstein, der höf=
lichste Cavalier, vielleicht einer der letzten grands Seigneurs,
im besten Sinne des Wortes, war ein viel willkommener
Gast. La Roches schrankenlose Gastfreundschaft setzte oft die
nicht minder gastfreie, aber mehr auf die etwas beschränkten
Raumverhältnisse bedachte Frau Auguste in die bitterste Ver=
legenheit. Er geht oft in der Mittagsstunde auf den Gäste=
fang. Wer ihm von Bekannten in die Hände fällt, der muß
mit zu Tische, und wie gerne fügt man sich dem freundlichen
Zwange. Ist man doch sicher, außer den culinarischen Leistungen
der berühmten La Roche'schen Küche und den alten edlen
Weinen seines Kellers, die herzlichste Aufnahme von Seite der
Wirthe, geistvolle anregende Gesellschaft und jenes unbeschreib=
liche Behagen zu finden, das nur eine schöne Häuslichkeit
über die Gäste zu verbreiten vermag. Wie treffend passen
nicht die Worte aus „Wilhelm Tell" auf La Roche's Haus:

Stauffachers Haus verbirgt sich nicht, zu äußerst,
Auf offnem Heerweg steht's, ein wirthlich Dach
Für alle Wandrer, die des Weges fahren.

4*

So beschränkt die Räumlichkeiten des La Roche'schen Hauses auch sind, so weiß es der Hausherr doch möglich zu machen, von Zeit zu Zeit einen lieben Gast auf Wochen zu beherbergen, ja ich erinnere mich des Falles, daß La Roche mehrere Nächte im Hotel schlief, um einer Freundin der Familie größere Bequemlichkeit zu bieten.

Vormittags ist La Roche in Gmunden wenig sichtbar. Die Toilette und das Frühstück nehmen einen Theil des Morgens in Anspruch. Der Rest des Morgens gehört der Lectüre. Wenn es die Temperatur der Luft und des Wassers erlauben, erscheint er gegen Mittag in der Schwimmschule. La Roche ist, überhaupt körperlich ungemein rüstig, wie in den meisten Leibesübungen, auch im Schwimmen ein Meister. Wie oft schwamm ich mit ihm aus der Schwimmschule hinaus eine ziemliche Strecke in den freien offenen See hinein. Eine Eigenthümlichkeit, die mir in der Schwimmschule an ihm auffiel, ist ein kleines Stückchen Holz, das er immer als Amulet an einem Seidenschnürchen um den Hals trägt. Nach der Schwimmübung folgt ein kurzer Spaziergang auf der Esplanade, und dann das Mittagsessen, bei dem selten oder nie Gäste fehlen. Nach Tische wird in dem Vorgarten der Kaffee genommen und geraucht, und nach einem kurzen Schläfchen bei günstigem Wetter ein Ausflug zu Boot oder zu Wagen gemacht. La Roche versteht es ebensogut mit sicherer Hand das Steuer eines Bootes zu führen, als ein lebhaftes Gespann auf den bergigen Wegen der Umgebung von Gmunden zu lenken. Nach der Rückkehr von dem

Ausflüge versammeln sich die Habitués des La Roche'schen Kreises, zu denen vor Allem Baron Springer und dessen Familie zählen. Bei den Reunionen im Casino, zu dessen Gründern er gehört, erscheint La Roche häufig und wetteifert an Heiterkeit und Galanterie gegen die Damen mit den Jüngsten. Seit Gmunden in der Sommer=Saison ein Theater besitzt, werden regnerische Abende häufig der dramatischen Muse gewidmet. La Roche folgt in seiner Loge mit großem Interesse den Vorstellungen, er erkennt und ermuntert jedes Talent, er ist der mildeste, freundlichste, nachsichtigste Kritiker. Aber nach dem Theater beginnt noch das allabendliche Symposium bei La Roche und bis gegen Mitternacht ist das kleine Häuschen erleuchtet, tönt aus demselben das Klappern der Kugeln eines Miniatur= Billards, das Klingen der Gläser, fröhliches Lachen und Plaudern und hie und da ein Lied, von Hölzel, Walter oder Minnie Hauck gesungen.

Auf dem Tische des kleinen Salons liegt ein unscheinbares, in braunes Leder gebundenes Büchlein, das Carl La Roches Monogramm und die Aufschrift „Gedenkbuch" trägt. In diesem Büchlein sind die Erinnerungen an alle die frohen Zugvögel gesammelt, die Stunden oder Tage in diesem heimlichen Künstlerneste gerastet haben. Berühmte Namen stehen da neben unbekannten, und wenn man das Büchlein durchblättert, so wechseln die heitersten mit den wehmüthigsten Bildern in unserer Seele. Wie so viele von den treuen Freunden und Genossen, die ihren Namen hier unter ein paar geist= und gemüthvolle Zeilen setzten, sind schon hinübergegangen in „das unbekannte Land, aus deff' Gefilden kein Wandrer wiederkehrt": Julie Rettich und Fritz Beckmann, um nur die künst= lerischen Pole zu nennen. Andere athmen wohl noch im rosigen Lichte, aber das Schicksal oder der eigene Wille hat sie aus jenem Künstlerverbande losgelöst, der, wie kein zweiter, seine Mitglieder mit der festen Klammer gemeinsamen künstlerischen Strebens und Wirkens umschloß, wie kein zweiter das Gefühl der Zusammengehörigkeit, der Solidarität weckte und stärkte. Carl Fichtner, Friederike Goßmann=Prokesch), Louise Neumann=Schönfeld, fürwahr ein ruhm= gekröntes Kleeblatt! Die Nacht des Wahnsinns hat sich vor der des Todes auf Andere gesenkt, auf den kleinen vergessenen Fricke und auf den großen, unvergeßlichen Dawison. Viel= leicht will der Leser ein paar Minuten mit mir in La Roches Gmundener Gedenkbuche blättern, es wird ihn hoffentlich nicht gereuen. Der erste bekannte Künstlername, dem wir begegnen, ist der Gustav Hölzel's, dem sich unmittelbar der Josef Wagners anschließt. Schon auf den ersten Seiten ein schwarzes Kreuz! „Charlotte von Oven, gewesene von Hagn." Welche Fülle von anmuthigen Bildern weckt dieser Name nicht in der Erinnerung älterer Theaterfreunde. Die schönste Künstlerin, die vielleicht je die Bühne betreten und eine der begabtesten und geistvollsten obendrein, die an= ziehendste Erscheinung in der berühmten Schönheitsgallerie weiland Ludwigs von Baiern.

Morge muß i fort von hier,
Und muß Abschied nehme:
Lieben Freunde, glaubet mir,
Scheide das bringt Gräme.
In Eurem Häusle g'fallt's mir ja
Ueber alle Maße,
Gern blieb' i für immer da,
Möcht' Euch nie verlasse.   (Lorle.)

Denkt manchmal an Eure alte treue
          Louise Schönfeld-Neumann.

An Freund La Roche,

nachdem er an zwei auseinander folgenden Tagen der Gefahr,
im See zu ertrinken und im Bade erschlagen zu werden, glücklich
entgangen war:

Zu welchen ungeheuern Dingen
Hat Dich der Himmel noch erseh'n?
Wie weit sollst Du's auf Erden bringen?
Das ist seit Cäsar nicht gescheh'n!
An zwei von Deinen Julitagen
In alleräußerster Gefahr,
Und dennoch Nichts davongetragen,
Das ist noch mehr als wunderbar.
Gewiß schwebt irgend eine Krone
Schon funkelnd über Deinem Haupt.
Der Kaiser fehlt dem deutschen Throne,
Der Papst ward jüngst schon todt geglaubt.
So halte Dich der Wahl gewärtig,
Daß Du der Völker Sehnen stillst:
Nur werde mit Dir selbst erst fertig:
Ob Papst, ob Kaiser, was Du willst.

Gmunden, den 1. August 1861.   Friedrich Hebbel.

An Carl La Roche.

Gmunden, 13. August 1863.

Freund Mephistopheles, sieh! da wären die Rechten beisammen,
Ist doch mein, Faust's Weibchen, geboren als eine „zur Helle".
Aber nicht blos in Gmunden, in Wien auch sind wir die Rechten.
Du auf der Scene für uns und wir für Dich im Parterre.

Faust Pachler.

Die ewig junge Fanny Elßler, die personificirte
Grazie, ist eine der nächsten Nachbarinnen des Poeten Faust,
und zwei Seiten weiter bittet Auguste Fitz-Harding
Maxce, die „kleine Rudloff" nicht zu vergessen. Das Wiener
Publicum erinnert sich ihrer. Der ewig spöttische Anton
Ascher schreibt ausnahmsweise einige ernste warme Worte
unter die Bitte der „kleinen Rudloff". Um so lustiger ist die
Interpellation von dem armen Fritz Beckmann, der sich
Charakter-Fabrikant und Seelenmaler, gegenwärtig Ur—Lauber
unterzeichnet und an den Reichsrath die Interpellation richtet,
ob es nicht besser wäre, wenn einmal elf Monate Urlaub wäre
und nur ein Monat gespielt würde. Franz Nissel gibt
herzlichen Gefühlen in volltönenden Hexametern Ausdruck.
Heinrich Anschütz „bittet um ein freundliches Andenken,
wenn er auch bald zu den Ruhenden unter dem Grase gehört".
Die trübe Todesahnung sollte nur zu bald in Erfüllung gehen.

> Ob's draußen regnet auch und stürmt,
> Hier scheint des Glückes Sonne;
> Ob auch der Traunstein Wolken thürmt,
> Geborgen fühlt sich und beschirmt
> Der Weise in der Tonne.

Den Urheber dieser Zeilen zu nennen, verbietet mir die Bescheidenheit. Anton Schmerling dankt am 30. August 1863 „für die einem vielgeplagten Manne gewährten schönen Abende". Ludwig Aug. Frankel leiht etwas sanguinischen Hoffnungen Ausdruck:

> Wie lange her? die Kunst war heimatlos,
> Jetzt baut sie Hütten schon im Alpenschooß,
> Bald, will es Gott, Paläste stolz und groß.

Möchte Freund Ludwig August Recht behalten.

> Sollten je im kleinen Haus
> Dich die Grillen plagen,
> Jage sie geschwind hinaus
> Ohne lang zu fragen.
> Aber ohne Ausnahm' bleib'
> Auch die Regel hier nicht:
> Und so bitt' ich denn, vertreib'
> Aus dem Sinne Dir nicht
>   die Grille Friederike Goßmann
>   Baronin Prokesch-Osten.

September 1863.

Anton Prokesch-Osten, der Gatte Friederike Goßmanns, bittet in launigen Versen, auch seinem Schiffe „die Grille" und ihrem Capitain ein freundliches Andenken zu bewahren und unterzeichnet als bürgerlicher Flottenbesitzer, während sein Vater, der frühere kaiserliche Internuntius bei der Hohen Pforte, zu seinem Namen den Beisatz: „aus Constantinopel" fügt. Graf Rudolf Wrbna, der gegenwärtige Intendant, war, wie aus seiner Einzeichnung hervorgeht, schon 1864 ein Besucher des La Roche'schen Hauses. Stockhausen füllt eine Seite mit Noten. Es ist ein Canon: andante moderato, so recht das Tempo des Lebens in diesem Hause der Glücklichen. Wieder eine große Todte: Julie Rettich! neben ihr ein jüngst Gefeierter, Otto Prechtler. Louis Frappart und Graf O'Sullivan schreiben Worte des Dankes in ihrer Muttersprache. Heinrich Marx geht auf das Jahr 1824, den Zeitpunkt seiner ersten Begegnung mit La Roche in Hannover, zurück, und gelangt im Jahre 1865 über Leipzig und Wien endlich nach Gmunden. Bogumil Dawisons Schriftzüge sind am 10. Juli 1867 noch fest, seine Gedanken noch klar, sein Styl noch durchsichtig. Nichts läßt in den Zeilen, die er in La Roches Gedenkbuch schrieb, die Katastrophe ahnen, der er so bald zum Opfer fallen sollte. Graf Leo Thuns Namen hier zu finden, überrascht uns beinahe. Doch stehen denn nicht die Kunst und die Künstler über dem Getriebe der politischen Parteien? Der Compositeur Josef Dessauer bittet Gott, das Haus, seine Besitzer, ihre Krebse und ihren kalten Punsch zu segnen. Gewiß war es der berühmte schwedische Punsch La Roches, den Dessauer in diesen frommen Segensspruch eingeschlossen wünscht. Auf den Compositeur folgt bald die große Sängerin Caroline Gomperz-Bettelheim, die „Papa und Mama La Roche" für ihre unvergleichliche Gastfreundschaft dankt. An die große Sängerin schließen sich zwei große Tragikerinnen an: Marie

Seebach und Charlotte Wolter. Die reizende Helene Hartmann=Schneeberger und die anmuthige Friederike Kronau vertreten würdig die heitere Muse. Den Künstlerinnen schließen sich einige große Damen an: Landgräfin Fürsten= berg, Gräfin Crenneville, Gräfin Marie Kuefstein, Gräfin Anastasie Wimpffen. Adolf Sonnenthal reicht Minnie Hauck die Feder. Durch ein originelles Ge= dicht, das sowohl durch seinen Inhalt als seine Form, besonders aber durch sein Datum sehr interessant ist, macht sich ein begabter poetischer Dilettant, mein Namensvetter Josef Mautner, bemerkbar. Es lautet:

Weil Euch das Glück die Treue
Bewahrt von Chlum bis Wörth,
Hab't ihr das Volk aufs Neue
Durch Waffenruhm bethört.

Und daß des deutschen Geistes
Triumph die deutsche Schlacht,
Das hat uns Euer dreistes
Vorstürmen eingebracht.

Doch hier am Duftgelände
Des See's, im stillen Haus,
Da löschen wir die Brände
Der Kriegesfackel aus.

Die Zeit des Eisenschmiedens
Erscheint uns hier entrückt,
Im Bild des deutschen Friedens,
Der diese Räume schmückt.

Wär Wilhelm hier zu Gaste
Mit seinem Heldensohn,
Schrieb er an Moltke: Raste,
Genug! An Steinmetz, Roon.

Wir haben Ihm versalzen
Die Mosel und die Saar,
Und könnten jetzt verpfalzen
Schön Frankreich ganz und gar.

Doch weil's hier so gemüthlich,
So trefflich das Menu,
So ordnen wir uns gütlich
Mit Ihm und mit Trochu.

Ich fühl's, die deutschen Hiebe,
Sie treffen deutsches Mark,
Uns macht allein die Liebe
Zum Ideale stark.

Das lehrte mich in Gmunden
La Roche, der deutsche Mann;
D'rum laß ich Metz dem wunden
Turco Zuaven-Chan.

Und lass' Victoria knattern
Und mache Frieden hie,
Und alle Banner flattern
Der Kunst und Poesie!

Gmunden, am Napoleonstage (15. August) 1878.

Nach dem politischen Gedichte wieder einmal Noten-köpfe: Gounods. „Wer erklärt des Herzens Glüh'n?"

unterzeichnet von Gustav Walter. Der witzige Herausgeber des Berliner Kladderadatsch gibt folgendes Repertoire:

„Wenn man in Gmunden bei der liebenswürdigen Familie La Roche ein „Versprechen hinterm Herd" erhält und man zum ersten Male Platz nimmt, so sagt man, Gott sei Dank der Tisch ist gedeckt. Es geht dann im traulichen Gespräche hinüber und herüber, bald ist man zu ebener Erde und im ersten Stock. Hier kennt man keine böse Nachbarin, hier ist man immer in der Gesellschaft, hier ist der wahre Hermann und Dorothea, hier kennt man kein Pariser Leben, hier gibt es keine Banditen, keine Princesse de Trebisonde, kein Frou-Frou, sondern ein deutsches Herz, ein wahres Künstlers Erdenwallen, ein Lustspiel, hier herrscht bürgerlich und romantisch, Kunst und Natur und um zwölf Uhr ein: Gute Nacht! Häuschen! Wer kann in Hinblick auf die Familie La Roche sagen: Ich bleibe ledig. Vor hundert Jahren war es nicht so hier, aber nach hundert Jahren möge hier noch Friede auf Erden und Ehre Gott in der Höh' der Wahlspruch dieses Hauses sein. In dankbarer Erinnerung und mit dem Wunsche auch einmal Dir wie mir auf dem Berliner Repertoire erstehen zu sehen.

Gmunden, 10. August 1871. A. Hofmann."

F. Riese. (W. Friedrich, der bekannte Librettist von „Martha" und „Stradella") schreibt.

Carl August schuf ein Ilm-Athen
Als Centrum schöner Geister,
Die Xenien sah man dort ersteh'n,
Tell, Oberon, Cid, Meister.

Carl und Auguste schufen hier
Ein Weimar sich in Gmunden,
Nur kommt der Geist von ihm und ihr
Bei frohen Tafelrunden.

Amalie Haizinger zeichnet „zur Erinnerung an
Deine allergetreueste Anbeterin."

Ein sehr melancholisches Citat ist von Friederike
Bognar unterzeichnet:

Gar einsam steht's sich auf der Menschheit Höhen,
Und ewig ist die arme Kunst gezwungen,
Zu betteln bei des Lebens Ueberfluß.

Sollte der Conflict mit der Direction schon damals
seine Schatten in die Seele der Künstlerin geworfen
haben?

Die letzte Einzeichnung floß aus der Feder von
Mathilde Hardtmuth, einer der schönsten, anmuthigsten
und geistvollsten Frauen, und beginnt mit den für jeden
Künstler nicht genug zu beherzigenden Worten:

Nur der ist frei von allen Banden,
Der froh genießt und froh entsagt.

Froh hat La Roche genossen, was das Leben und seine Kunst, was eine schöne Häuslichkeit und eine große Wirksamkeit ihm boten, froh hat er entsagt dem Jagen nach Gold und äußerlichem Flitter, nach flüchtigen, durch seiner und der Kunst unwürdige Mittel erzielten Erfolgen, und frei ist er von allen Banden, außer denen, mit denen ihn die Liebe und Verehrung der Seinen, seiner Freunde und des großen deutschen Publicums umschlingen.

Der Raum, der mir zugestanden ist, ist nahezu er= schöpft und indem ich meine flüchtigen Zeilen überfliege fühle ich, wie ungenügend, wie unausgeführt, wie skizzen= haft das Bild ist, das ich von Meister La Roche und den Seinen zu entwerfen versuchte. Wie wenig habe ich von seiner Gattin und seiner Tochter gesprochen, von Frau Auguste, die eine eben so vollkommene Hausfrau als talentvolle Schriftstellerin ist, deren reizende Novelle: „Frau Johanna", die am Gmundener See spielt, den liebgewor= denen Stätten ihrer Sommerheimat ein so sinniges lite rarisches Denkmal gesetzt hat, deren heitere Gelegenheits= verse den Freunden ihres Hauses eben so unvergeßlich sind als ihre klassischen Bratensaucen: von Fräulein Male, die mit Frau Auguste wetteifert, jede Falte von der Stirne des geliebten Vaters hinwegzustreicheln, jedes zerdrückte Rosenblatt seines Kissens zu glätten, von ihr, der dienenden Priesterin bei La Roches stündlichem Rauchopferdienst, die man sich kaum anders vorstellen kann, als mit der Cigarrenpfeife und dem Zündzeuge des Vaters in der Hand, und aus unerschöpflichem Borne ihm und seinen Gästen schwarzen Kaffee, Danziger Goldwasser oder Sherry=Brandy spendend. Wie wenig erschöpfend habe ich La Roche selbst, seine künstlerische Bedeutung, wie farblos seine Heiter=keit und Liebenswürdigkeit im Umgange, seinen unermüd=lichen Wohlthätigkeitssinn, seine Milde in der Beurtheilung fremder Leistungen, seine begeisterte Anerkennung des Tüch=tigen, seine geradezu rührende Bescheidenheit und Bereit=willigkeit einem edlen Zwecke zu dienen, geschildert.

Mein Trost ist, daß ich trotzdem vielleicht hie und da einen kleinen Zug zu einem vollständigeren Bilde ge=liefert habe, das eine berufenere Feder einst entwerfen mag, denn an Meister La Roche wird der trübe Ausspruch

„Dem Mimen flicht die Nachwelt keine Kränze"

zu Schanden werden, an ihm werden sich im Gegentheile die trost= und erhebungsreichen Worte erfüllen:

„Wer den Besten seiner Zeit genug gethan,
Der hat gelebt für alle Zeiten."

Wien, 8. März 1873.

www.ingramcontent.com/pod-product-compliance
Lightning Source LLC
Chambersburg PA
CBHW022023080426
42733CB00007B/698